九条俳句訴訟と公民館の自由

佐藤一子/安藤聡彦/長澤成次［編著］

エイデル研究所

九条俳句訴訟と公民館の自由　目次

第Ⅱ章　九条俳句不掲載損害賠償等請求事件の原告主張と地裁判決

第Ⅲ章　九条俳句訴訟の争点と課題

第Ⅳ章　社会教育施設の学びの自由を守るために

第Ⅴ章　資料編　判決文、弁護団声明、九条俳句市民応援団声明

序章　九条俳句訴訟から学習権・表現の自由を考える

佐藤一子

はじめに

２０１４年6月25日にさいたま市大宮区三橋公民館の公民館だよりをめぐって発生した「九条俳句不掲載問題」について、本書では、市民の異議申し立て、２０１５年６月の提訴から２０１７年10月のさいたま地裁判決、そして控訴にいたる過程の全容を、できるだけ生の声でリアルに伝えることをねらいとしている。三橋俳句会やさいたま市の公民館運営に関わる当事者の声、九条俳句訴訟の弁論を支えてきた弁護団の主張と社会教育研究者の意見、そして1、000名を超える「九条俳句」市民応援団、訴訟に関心を寄せている社会教育施設（図書館、博物館、公民館）や自治体の関係者の発言が掲載されている。

俳句作者・原告と共に歩んできた市民応援団の存在、さらに日本社会教育学会など4団体の社会教育研究者・職員のグループが弁護団と連携しながら公民館における「学習の自由」を問い続けてきたこと。九条俳句訴訟をめぐってこのように幅広いネットワークが形成されてきたことは、この訴訟運動の大きな特徴といえる。市民が自由に学び、互いに意見を述べあい、表現することをつうじて自然や社会の認識を深めるという相互学習の過程に行政当局が介入し、言論の自由が制約されていることへの危機感が広がっていることがその背景にある。

「九条俳句不掲載問題」は、現代日本社会の言論、文化、教育・学習の自由をめぐる問題状況を象徴している。それを見過ごしてはいけないと思う社会教育・学校教育関係者、自治体やメディアの関係者、民主主義や参加の問題を主体的に考えようとしている若者・市民の方々に、ぜひ本書を手にとっていただきたいと願う。

1　「九条俳句不掲載問題」とは

(1) 公民館だよりへの俳句掲載

公民館は教育基本法12条、社会教育法第5章に定められた市町村立の社会教育施設である。図書館や博物館が資料の提供や展示を特色とするのに対して、公民館は学級・講座などの定期的な学習機会の提供、講演会、文化・スポーツ・レクレーション行事の実施、自主的な学習文化サークル・団体の利用を主な目的として、全国に約1万5千館設置されている。敗戦後の民主的な社会の希求のなかで、国民が生活の場で自発的に学ぶことを尊重した社会教育法（1949年）にもとづき、住民自治・住民参加を重視した運営形態をとっていることが公民館の特徴である。

さいたま市には、ほぼ中学校区単位に60館の公民館が設置されており、利用登録団体数は9，800団体にのぼる。さいたま市は人口129万人の大規模政令指定都市であるが、合併前の旧浦和市や大宮市、与野市、岩槻市のそれぞれに公民館活動が活発で、その歴史は1950年代にさかのぼる。それぞれの公民館は館報（公民館だより）を発行しており、多くは自治会の協力で地区内に全戸配布されている。利用団体の作品を公民館だよりで紹介し、利用者の声・サークル活動の様子などを掲載することは、全国各地の公民館だよりでも広くおこなわれており、住民参加の編集委員会によって公民館だよりが作成されている例も少なくない。

三橋公民館では2010年代に利用団体に声をかけて俳句や絵手紙、切り絵などの作品を公民館だよりに掲載し始めた。三橋俳句会は会員相互の批評と指導者の講評によって秀句を一句選び、2010年11月から掲載してきた。公民館だよりでの作品紹介は、地域住民に俳句の創作・鑑賞の楽しみを伝え、公民館活動への関心を高める一助となっていたのである。

（2）九条俳句不掲載の理由

2014年6月に選ばれた「梅雨空に『九条守れ』の女性デモ」という俳句は、作者が東京で雨の降るなか、女性たちのデモを見て心を動かされて詠んだものである。しかし、「集団的自衛権の問題で世論が二分されており、掲載にふさわしくない」という理由で公民館は不掲載とした。

公民館側は、①「公民館は常に中立の立場でなければならない」②「世論が二つに分かれているようなことに片方の意見だけ載せることはできない」③『九条守れ』のフレーズが公民館の考え方であると誤解を招く可能性がある」と説明した。館長からの文書では、社会教育法23条や市の広告基準、そして上記③などが不掲載の理由とされていた。社会教育法23条は、公民館が「特定の政党の利害に関する事業」を行うことを禁じた条項である。

ところが5か月後に不掲載の理由を訂正する文書が届いた。そこでは先の文書の理由はすべて撤回され、上記の①と②の理由、すなわち「世論が二つに分かれている」状況の中での公民館の中立性ということが、あらためて不掲載の理由とされたのである。市民団体による市との話し合いがたびたびおこなわれたが、さいたま市は見解を変えなかった。三橋俳句会の活動は現在も継続しているが、公民館だよりへの俳句掲載はこの事件以来途絶えている。

2　提訴からさいたま地裁判決、そして控訴審へ

(1)「九条俳句不掲載損害賠償等請求事件」の提訴

市の説明に納得できなかった俳句作者は、裁判に訴える決意をした。提訴に際し24名の弁護団（現在27名）が結成され、2015年6月25日にさいたま地方裁判所に訴状が提出された。「九条俳句不掲載損害賠償等請求事件」として、(1)から(18)にわたる準備書面が用意され、2017年7月まで12回の口頭弁論がおこなわれた。被告（さいたま市）の6名の弁護団（現在7名）も(1)から(9)の準備書面を提出している(1)。

訴状では、公民館だよりに九条俳句を掲載すること、あわせて損害賠償として200万円を支払うことを求めている。九条俳句不掲載により、学習権、表現の自由、掲載請求権、人格権、公の施設利用権の5つの権利侵害が発生しているとして、その後の法廷で各論が展開された。特に注目されるのは、旭川学テ訴訟最高裁判決をひきながら「大人の学習権ないし社会教育の自由」という独自の視点を提起したことである。これに関して、表現の自由（憲法21条）、人格権（憲法13条）、学問の自由（憲法23条）、教育を受ける権利（憲法26条）、教育行政の中立性（教育基本法16条）、学習の自由（社会教育法12条）による法理を構築するとともに、専門家意見書によりながら社会教育における学習の特質と公民館だよりの性格を掘り下げ、「学習権」と「表現の自由」の密接な関連性を主張している(2)。

九条俳句は公民館利用団体の学習の成果であり、公民館だよりに学習成果を発表することを通じて、俳句会に対して表現の場を支援するのみならず、地域住民にとってもその鑑賞行為が促され、学習成果の共有がはかられるという公民館の学習の営みが法的に意義づけられた。

また公平・中立性については、社会教育法23条は「国と地方公共団体に向けられたものであり、禁止されるのは『党派的活動』であって、政治活動一般ではない」、「公の施設で禁止されるのは、個人の意見表明などを差別的に扱うこと」であり、「世論を二分する問題を扱う」ことが一般に禁じられているのではなく、「差別的に扱う」ことが禁じられているという原則的な理解が、判例等を例示しながら主張された。

一方被告側は、公民館だよりは「単なるおしらせ」であり公民館だよりは表現の場として提供されたものではない。作品掲載は多くの人に親しみやすい紙面にするためのものであり、国論を二分する世論の一方の側の意思表明である、当該俳句の掲載は公民館の中立性、公平性とは相いれない、と反論した。

法廷の弁論を通じて公民館だよりの性格機能、公民館だ

よりを学習成果の発表の場と意義づけるかどうか、憲法的人権としての学習権と表現の自由にもとづき公民館における相互学習の過程を法的に明確化すること、公民館の公平・中立の論拠を問うことなどが中心的な論点として争われたのである。

(2) さいたま地方裁判所の判決と控訴審の課題

2017年10月13日に出された地裁判決では、公民館の職員が「原告の思想や信条を理由として、本件俳句を本件たよりに掲載しないという不公正な取扱いをしたことにより、法律上保護される利益である本件俳句が掲載されるとの原告の期待が侵害された」ことが国家賠償法上違法と判断し、さいたま市に対して5万円の損害賠償を命じた。

判決文では、社会教育法23条は「本件たよりに本件俳句を掲載するかどうかの判断の根拠となるものではない」、俳句を掲載することは「公民館の中立性や公平性を害するということはできない」、職員は「掲載できない理由について、十分な検討を行っていない」と指摘した。また『九条守れ』との文言が、直ちに世論を二分するものといえるかどうかも疑問を容れる余地がある」にもかかわらず、職員らが「この点について検討した形跡はない」「合理的な根拠を欠く」と判断し、公平・中立性をめぐる被告の主張を退けている。

他方で原告側が主張した学習権、表現の自由に関わる憲法判断は回避された。「子どものみならず、大人についても、憲法上、学習権が保障される」「社会教育法2条及び3条はこれを前提とする規定である」と学習権に言及したことは画期的であるが、「学習権の内容に学習成果の発表が含まれると解することはできない」として、原告の主張を否認した。社会教育における学習過程、公民館だよりの機能については踏み込まず、学習権と表現の自由の架橋によって立論した原告側主張は判決には反映されなかった。被告側の主張する公民館の中立性・公平性には合理的な根拠がないとして、職員の公正取扱い義務の違反を指摘したことが地裁判決の要点である。

さいたま市はこれを不服として控訴を決定し、原告側も控訴した。引き続き東京高裁で争われることになった。原告側は控訴人の名誉毀損の請求を追加し、学習権と表現の自由に関する立論をもとに司法による憲法判断の重要性を提起するとともに、社会教育法の精神にもとづく公民館の自己教育・相互学習過程の特質、意義をあらためて強調している。地裁判決で回避された論理に東京高裁の判断がどれだけ具体的に踏み込むかが問われることになる。

3月1日に第一回口頭弁論がおこなわれ、5月18日に判決が出される。

3　九条俳句訴訟から学習権・表現の自由を考える

公民館、図書館や博物館等の社会教育施設で利用者・学習者の自由をどう守るかという問題は１９５０年代から繰り返し問われてきた。日本図書館協会は、利用者の知る権利を「図書館の自由宣言」（１９５４年採択、１９７９年改訂）において明記している。この宣言は、戦前日本の図書館、社会教育が「思想善導」の役割を果たしたことを強く反省し、その轍を繰り返さないことを決意して採択されたものである。

１９６３年に大阪府枚方市教育委員会が提言した「社会教育をすべての市民に」の文書も、学習の自由を憲法的権利としてとらえ、以下の６つの基本原則をかかげている（３）。

１．社会教育の主体は市民である。２．社会教育は国民の権利である。３．社会教育の本質は憲法学習である。４．社会教育は住民自治の力となるものである。５．社会教育は大衆運動の教育的側面である。６．社会教育は民主主義を育て培い、守るものである。

民主主義と社会教育の関係が深く認識される一方で、１９６０年代から70年代にかけて、住民の学習の自由を守ろうとして不当に異動を命じられた公民館職員がたびたび行政不服申請によって争ったことも想起される。とりわけ高度経済成長期には、地域開発政策が住民の生活権を奪う形で推し進められ、その結果、深刻な公害問題が発生するなかで住民の批判的な学習が活発化し、その学習を支援しようとした職員が社会教育の現場から異動させられるケースが増大した。こうした状況の中で、日本では国際社会に先駆けて１９７０年代に「学習権」の思想が成熟をみたのである（４）。

社会教育の自由を守る歴史を振り返ると、九条俳句訴訟は市民みずからが自分たちの学習の権利と表現の自由を自覚して声をあげていることにきわめて重要な意義がある。

１９８５年にユネスコ国際成人教育会議で採択された学習権宣言は、「学習権とは、読み書きの権利であり、問い続け、深く考える権利であり、想像し、創造する権利であり、自分自身の世界を読みとり、歴史をつづる権利であり、あらゆる教育の手だてを得る権利であり、個人的集団的力量を発達させる権利である」「学習活動は・・・人々を、なりゆきまかせの客体から、自らの歴史をつくる主体にかえていくものである」とうたっている（５）。

この宣言では、学習権を人間が生存し続けること、すなわち人類的な共存と一体性をもつ人権であるととらえ、同時に、「個人的集団的力量」の発達を促す権利であると規定している。学習権宣言の採択を通じて自己教育・相互学習にねざした成人教育・生涯学習の本質、原理が国際的に再認識されたのである。

一方、2000年代の日本の学校・社会教育の現場では、学習権を侵害し、教育への不当な支配・介入を行う問題が多発している。2006年の教育基本法改訂によって第2条（教育の目標）が大きく改変され、「道徳心」「公共の精神」「郷土を愛する」などの教育目標が条文化され、国家主義的な教育改革が進められていることが背景にある。安保関連法制の採択、憲法九条改訂問題、教育勅語を指導理念とする教育観の復活などを通じて、言論や表現の自由を規制する政治的圧力が強まり、「忖度」が社会問題化している。あらためて、平和と民主主義の憲法理念にもとづく教育のあり方を学習権の視点から明確化することが課題となっている（6）。

全国美術館会議は2017年に「美術館の原則と美術館関係者の行動指針」を採択した。原則4に「美術館は、倫理規範と専門的基準とによって自らを律しつつ、人々の表現の自由、知る自由を保障し支えるために、活動の自由を持つ」と定めている。学習権と表現の自由を、今、各地の公民館、図書館、博物館・美術館においてゆるがないものとして確立すること。そのことを九条俳句訴訟は私たち一人ひとりに問いかけているのである。

注

（1）原告及び被告弁護団準備書面は「九条俳句市民応援団」WEBサイト
http://9jo-haiku.com/modules/document/を参照。

（2）堀尾輝久意見書「市民の学習権と社会教育」、右崎正博意見書「『公民館だより』への九条俳句不掲載と表現の自由」、姉崎洋一意見書「学習権保障と公民館」、長澤成次意見書「公民館だよりと地域住民の学習権保障」、佐藤一子補佐人陳述書など参照。

（3）社会教育推進全国協議会編『社会教育・生涯学習ハンドブック〈第9版〉』（エイデル研究所、2017年）237頁

（4）小川利夫編『住民の学習権と社会教育』（勁草書房、1976年）

（5）前掲、『社会教育・生涯学習ハンドブック〈第9版〉』185頁

（6）教育科学研究会（田沼朗・野々垣務・三上昭彦）編『いま、なぜ教育基本法の改正か』（国土社、2003年）

さとう・かつこ＝東京大学名誉教授・「九条俳句」市民応援団世話人

第 I 章

九条俳句不掲載——何が問題か？——

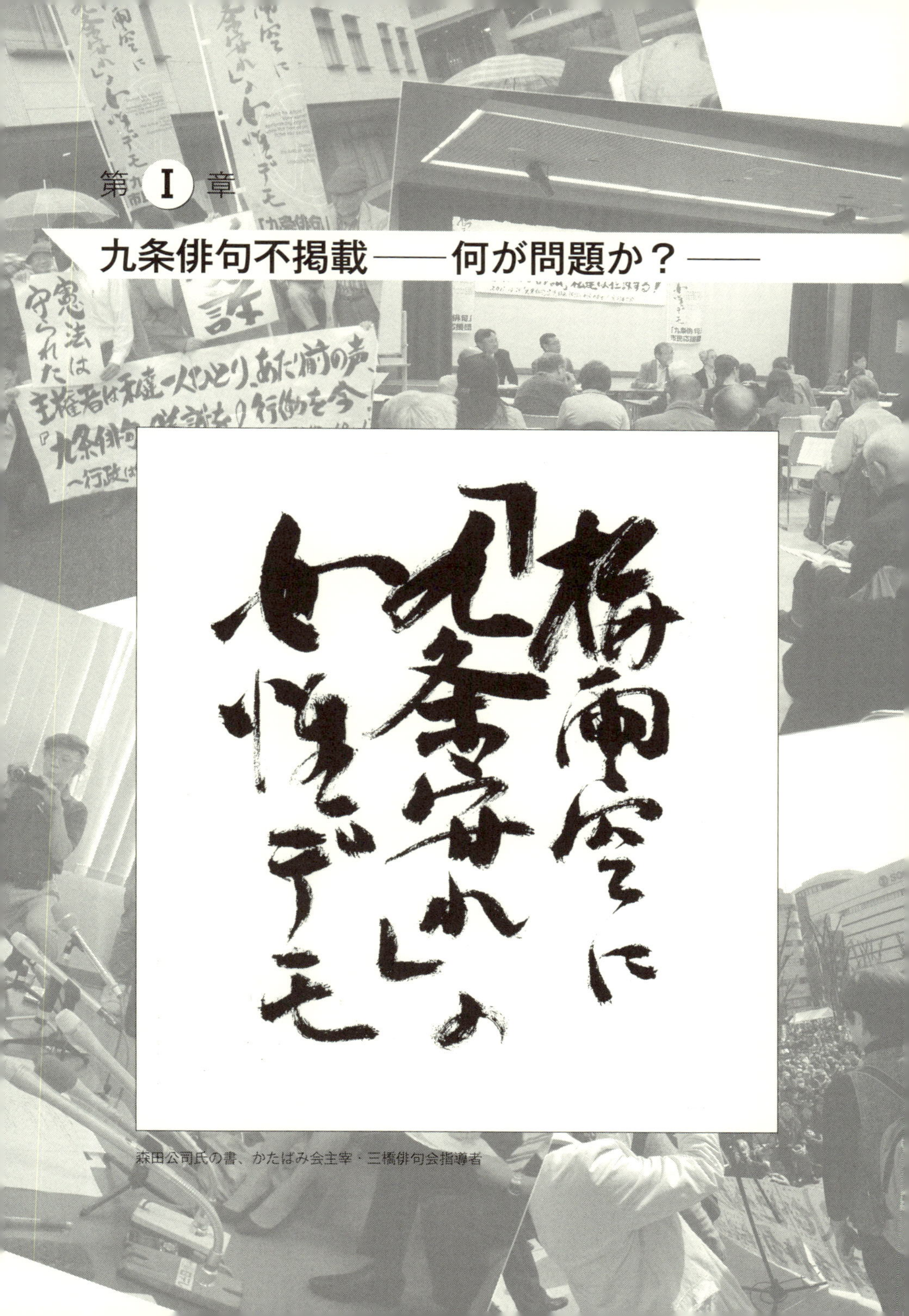

森田公司氏の書、かたばみ会主宰・三橋俳句会指導者

「九条俳句事件」が問いかけること

作者・九条俳句訴訟原告／三橋俳句会代表代行
江野本啓子／柿堺一二三
冨塚一資／片野親義／安藤聡彦

本章では、九条俳句不掲載事件がどのように発生したのか、またこの事件を当事者や関係者たち、さらに現場職員たちはどのように受け止め、何をしてきたのかを記録しておくことにしたい。一連の発言は、２０１７年９月17日に埼玉大学で開催された、第64回日本社会教育学会研究大会会場校企画「九条俳句事件が問いかけること—現代日本社会と社会教育研究」の第Ⅰ部においてなされたものをおこしたものである。一部加筆修正しているが、全体はほぼ当日の発言のままとしている。

なお、本文に入るまえに、事件の舞台となるさいたま市とその公民館について、基礎的事項を整理しておくことにする。

さいたま市は、２００１年に浦和市、大宮市、与野市の三市が合併することにより誕生した。２００５年には岩槻市を編入し、現在の圏域となっている。面積は２１７平方キロメートルで、人口は１２８万６千人である（２０１７年10月現在）。10の行政区によって構成されている。

このさいたま市に現在60の公民館が存在しているが、その管理にあたっては次のような階層構造が採用されている。すなわち中央館的役割を果たす施設として生涯学習総合センターが置かれ、その下に行政区ごとに1館、あわせて10館の拠点公民館が置かれている。そしてその拠点公民館の下に全49館の地区公民館が配置されている。拠点公民館には常勤の館長が勤務しているが、地区公民館の館長は非常勤である。事件が発生した大宮区三橋公民館は、地区公民館として位置づけられる施設である。

合併前、四市にはそれぞれ公民館運営審議会が置かれ、とりわけ大宮市では各館に審議会が設置されていた。だが、合併に伴いすべての審議会はひとつに統合され、生涯学習総合センターに置かれることになった。

（安藤聡彦）

司会（安藤）　これから日本社会教育学会大会会場校企画『九条俳句事件』が問いかけること」を開催致します。

「梅雨空に『九条守れ』の女性デモ」という俳句がさいたま市三橋公民館の公民館だよりにおいて不掲載となって丸3年が経ちました。事件発生後1年を期して提訴された「九条俳句」不掲載国家賠償請求訴訟は12回の公判を終え、来月には判決が出されることになっています。今日はこの俳句の作者の方をはじめ、俳句会のお仲間や市民応援団の方、さらに公運審や公民館職員の方などにお集まりいただき、この事件をいま一度ふりかえりながら、この事件が私たちに何を問いかけているのかをご一緒に考えてみたいと思います。

それでは最初に、三橋俳句会のお二人にお伺いしたいと思います。まず、作者の方に、今回の俳句を詠むに至った背景や、句に込めたものということについて、お話いただけますでしょうか。よろしくお願い申し上げます。

1　俳句不掲載をどう受け止めたか

——作者・九条俳句訴訟原告
三橋俳句会代表代行

句に込めた想い

俳句作者　問題になっている「梅雨空に『九条守れ』の女性デモ」という句を詠んだきっかけは、平成26年の集団的自衛権行使容認の閣議決定の1か月前くらいですかね。6月の初旬だったんですが、たまたま、銀座に用事がありまして、出かけた時に、女性だけの「九条守ろう、憲法守ろう」というデモに出会いました。ひどい土砂降りの雨の中を、子どもをおぶっている人とか、ベビーカーを押している人、それに、私のように白髪の年配の婦人たち。そういう人たちが必死で声を上げながら歩いている姿を見て、とても強く共感して、私もわずかながら戦争体験がありますし、孫が生まれてからは特に、平和であってほしいという願いが強くなっていましたので、そのデモを見ているだけでは、じっとしていられなくなって、一緒に歩いたんです。

そしてそのときの感動をなんとか俳句に詠めないものかと、ずっと考えておりましたが、なかなか俳句の方がうまくできなくて、結局は、情景だけ、「九条守れ」と女性たちがデモしているという、そのままの句しか詠めなかったんですが、これを6月の句会に出しました。私としては、あんまり上手くできなかったと思っていましたので、この句がまさか秀句とされて公民館だよりの掲載句に決まるとは思っていませんでしたので、とても驚き、嬉しかったりしたんです。そして、後で考えましたら、この情景だけでも、句会のメンバーがほとんど同年代の人たちなので、かえってこういう単純な中から、それぞれの方がいろいろ想像してくださって、取ってくださったのかなというふうに思い、とっても嬉しくなりました。

それで、今までもそうだったんですが、終戦記念の日ですとか、憲法記念の日ですとか、そういう時にはやはりそのことの意味を考えるためにも、こういう句を詠んでいきたいなと思っていました。ですから、この句はどうしても自分がそういうデモに参加したこともあって、記念として詠みたいなと思っていたので、作ったということでございます。

司会　ありがとうございました。いまお話があったような経緯で詠まれた句を、いつものように、俳句会から三橋公民館に公民館だより俳句コーナーに掲載していただくために提出されたところ、館から代表代行の方にお電話かかってきて、「これは掲載できない」というふうに断られた、事件はそのようにして始まったと伺っています。そのあたりの経緯について、今度は代表代行の方から、そのお電話を受けたときの様子ですとか、そのときどんなふうに考えられ、どのように対応されたのかということについてお話をしていただけますでしょうか。お願いいたします。

なぜ公民館からの電話に納得できなかったのか

代表代行　今、作者がお話しましたように、楽しい俳句会で、素敵な句ができまして、賛同者も多かったのですね。指導の先生からも特選賞をいただきまして、それを公民館に提出すべく、代表者の代行をしましたが、今まで全くお任せして参りましたため、いろいろな手はずが分からずに、私はその日に公民館の事務室でどのようにするのかと聞きまして、特に決まりはないから用紙に書いて提出するようにということで、作者に書いていただいて提出して、とても楽しい気分で公民館を後にいたしました。

たった一晩おいて、翌日の午前10時半頃だったと思います。公民館の担当者から初めての電話をいただきました。そして、「昨日お預かりした句は載せられない」といきなりお断りを頂いたんです。「なぜですか、どうしてですか」から始まって、いろんなことをやりとりいたしましたけれど、結局その場では聞き入れてくれず、「代わりを出せ」とか、「本人に伝えて」とかいろいろあったんですが、すべて私は拒否しました。代わりを出すにしても、それは句会の方全員に諮らないで、私個人が勝手にできることではありませんので、「それはできません」と。そういうようなお話をしまして、そのときは終わったんですけれど。そのとき、本人に伝えるのも私は断ったんです。そして、担当職員であるH氏から直接伝えてくださいと付け加えました。

そのときまで詳しく公民館のことを知りませんでしたし、代表が今までどんなふうにやってきたのかもよく分かっておりませんでしたので、とても戸惑いました。でも、提出した句を受け取らないというのはなぜか、という理由の中に、『九条守れ』というフレーズがあるからだめなんだ」と言うんですね。それにかなり引っかかったんですね。「公民館の考えと思われるのは困る」と言われましたが、「提出句には『三橋俳句会・作者名』が記されるので、間違う人はいません」と私は反論しました。結局、公民館の方が作品の内容にまで立ち入ったわけですし、非常に驚いてしまったんです。それで、本人に伝えることも、私は「担当者から直に伝えてください。私が納得できないことを作者に納得してと伝えられるはずがありません」ということでお断りし、そのときは電話を切りました。公民館がどういうシステムになっているか、私も勉強不足でよく分からなかったんですね。それ以後は、公民館のあり方とか、私どものあり方とか、いろいろ勉強しまして、今はいくらか、公民館のことについて分かるようになったんですけれども。

公民館というと、普通の市民の方が、予約さえすれば安易に借りられる場所であるというような捉え方をしていたのが間違いだったのかも分からないですけれど。それ以後勉強させていただいて、公民館のあり方について勉強をしてきました。

H氏からの断りの電話のあとで、私は市役所に電話をして、管轄しているところがどこか伺ったんですけれど、生涯学習センターということで、生涯学習センターの電話番号を伺いまして、すぐそちらに連絡したんです。どういうことになっているのか聞きたかったんです。でも電話を受けてくださった生涯学習センターの方は女性の方でしたが、その方が「今会議中だから、伝えておきます」ということで、ほとんど取り合っていただけませんでした。その後、私の方への連絡も一切ありませんでした。この対応もあまりにも不行き届きと思いました。

司会　ありがとうございました。この事件は、公民館から「掲載できません」と言われたときに、代表代行が「分かりました」と言って受け止めてしまえばそれで終わってしまったわけですね。ところが、それに対して代行は「なぜですか」と問い返された。その問い返したところからまさに事件が始まった、不掲載という出来事がひとつの事件となっていったわけです。いままさに、その場面についてお話いただくことができたと思います。

それでは、もう一度作者に戻ります。代行への連絡のあと、今度は直接作者に公民館の方から連絡があって、不掲載というようなことを言われたと伺っているのですが、そのやりとりの中でお感じになったことをお話いただけますでしょうか。

サークルは公民館の下請け機関ではありません

俳句作者　不掲載になったという連絡は、代表代行の方に電話があった夜に、代行から私の方に電話をいただきました。私は全く驚いてしまったんですね。あの句がどうして出せないのかって思いまして。それで、大体の理由は代表代行から聞きましたけれども、本当に気がかりだったものですから、翌日の午前中は公民館の方から掛かってくるんじゃないかと思いましたけれど掛かってこないので、午後にこちらから電話を入れました。「今までずっと何の問題もなく出されてきたのに、どうして私の俳句だけこういうことになったのでしょうか。なぜ出せないということになったのでしょうか」ということを率直に尋ねました。そうしたら担当の方が、「それは、公民館というのは、公平中立の立場でないといけない」「この句が、今世論を二分している片方の意見の俳句だと思うから、そういう片方の意見だけを出すことができない」「この俳句の中で『九条守れ』というフレーズがあるけれど、これは公民館の考え方と間違えられる」ということで、そういう理由で出せないということを言われたんです。

私は、「九条を守れ」が公民館の考えと間違えられるというのは、「作者の名前も句会の名前も出ているので、絶対そういうことは有り得ない」ということを言いました。そして、「世論が二分している」ということは、このことに限ったわけではなくて、何でもそういうことになると思うし、これもおかしいと思いました。それから、「九条守れ」というのは、私たちよりも皆さん公務員の方がもっときちっと守るという立場ではないのでしょうか、就職するときにそういうことを誓約してやっていらっしゃるんじゃないでしょうか、というようなことを言いました。そして、俳句の中身として「九条守れ」が入っているから出せないというのは、私たち句会として、自主的にやっているサークルの全員で決めたことに対して、公民館の下請け機関でも何でもないのに、なんということを言うのか、そういう権限が公民館にあるんですかということを言いました。でも、とにかく「公民館としてはこの句は載せられない」という一点張りでしたね。なにか法律的なこととか、根拠がきちっとしたものがあるのかどうか、その話では分かりませんでしたので、出せない理由を文書にして欲しいんですけど、というふうにお願いしました。そのように申し入れたんですけれども、1週間くらい全然返事が無かったんですね。それで、出てきたのが、最初の回答文書でした。

そこには、社会教育法、それからさいたま市の広告掲載基準に則ってということが書かれていましたけど、当時、私は社会教育法というのも全く知りませんでしたし、公民館がどういう成り立ちで、どうあるべきなのかということも全く知りませんでした。ちょっとそのことについて調べてみようと思って社会教育法を読んでも、私の俳句が載せられない理由が全く分からないんですね。それで、とにかく検閲されてダメだったんだなということが分かりましたので、全くなんという理不尽なことがあるのかと、そのときに公民館っていったいどういうところなんだろうというふうに思いました。

司会　ありがとうございました。ここまで俳句作者と代表代行のお話によって、どのような状況の中でこの俳句が詠まれ、公民館だよりへの不掲載ということが言われ、それに対してお二人がどんなことをお考えになられ、行動されてきたのかということをご理解いただけたのではないかと思います。ありがとうございました。

続いて、今度は市民応援団事務局長の江野本さんにお伺いしていきたいと思います。この事件が公にされたときから、市民の方々がいろんな形で動き始められましたけれど、江野本さんはその中心におられた方の一人です。まず、本件について最初どのようにしてお知りになったのか、そのときにどのような印象を持たれたのか、ということを一言お願いできますでしょうか。

2　さいたま市の公民館運営と市民の意向反映

——江野本啓子
（「九条俳句」市民応援団事務局長）
柿堺一二三
（元・さいたま市公民館運営審議会委員）

ここまで来たんだなと思った

江野本　最初に知ったのは7月4日付の東京新聞の第一報でした。たまたま私、その日は友人と二人で東北の被災地のその後を見てみようと言って出かけた日だったんですね。それで、あの記事を行きの新幹線の中で読みました。なんでさいたま市でこんなことが起こるんだろう、というふうにとてもショックでした。それと、安倍政権の下で右傾化していく時代の空気みたいなものを感じていましたから、ここまで来たんだな、というふうに思ったのが最初の印象です。

司会　ありがとうございます。その後、市民の方々がいろいろな活動に取り組まれることになっていくんですけれど、具体的にどのような活動をされたんでしょうか。そのあたりについてお話いただけますでしょうか。

市民と一緒にこの問題を考えよう

江野本　最初に、公民館を所管している生涯学習センターに抗議に行きました。実はさっき言った新幹線に乗っているときに、「新聞見た？　抗議に行こう」という電話が入ったんですね。「でも私たちこれから東北だから行かれない」というふうに言って、帰ってきた月曜日に行こう、というので行きました、市民8人で。そこでのやりとりは、作者がおっしゃったようなやりとりがずっとあって、なかなか私たちの抗議に対しても、聞き入れてもらえないという状況だったのですが、私たちは検討してほしいということを言って帰りました。翌日、その8人の代表のところにセンターから「不掲載を変更することはできない」という電話があったんですね。でも、それでは、私たちも引っ込みがつきません。7月4日に東京新聞が書いたあと、新聞各紙が一斉に追いかけたんですね。ですからこの時期には、かなりの大きな記事になっていました。ものすごく反響も大きくて、市にも100人くらいの市民から、おかしいという電話があったという報道もありました。

それから私たちもいろいろ考えました。「ここで私たちも、うやむやにするわけにもいかないね、じゃあ何やろうか」ということで。最初は、議会に請願しようという話もありましたが、議会請願というのは、今のさいたま市の議会の状況を考えると、不採択になるかもしれない。不採択になれば、市にお墨付きを与えてしまうから、ちょっと危険かもしれないね、というそんな議論の中で私たちがやったのは、市民集会です。市民と一緒にこの問題を考えよう。そこにきちんと教育委員会からも出席してもらって、市の考え方をきちんと言ってもらおう。そこで、市民と一緒に考えていくという集会をしよう、ということになって、「パート1」を7月25日に行ったわけです。そのときパネラーとして佐藤一子先生にも来ていただきました。市民集会は、9月に「パート2」、11月にも「パート3」をやりました。安藤先生にも来ていただいたりとか、たくさんの社会教育の関係者にも来ていただきました。

その間にも、私たちは市に対して何度も抗議をしましたし、公運審の傍聴も続けました。また、教育委員会に請願もしました。このことがこんなに大きな問題になっているのに教育委員会の中で全く議論されていないということが分かって請願をしたんですね。ところが、請願しても、「公民館だよりって、何部くらい発行しているんですか」とか、「どうやって配っているんですか」と全く本題と関係のないやりとりがいくつかあっただけで、「あとは、判断は教育長に任せます」というので、全く議論もされなかったんです。私たちは本当に納得できなくて、教育委員会の職員に詰め寄ったりして抗議しましたが、委員たちは別室に行って戻っても来ませんでした。

いろいろなことを積み上げながら、市側とも何度も交渉しても、全然埒があかなかった。それで、私たちは、このまま並行線で行くわけにはいかないし、市側はきっと時間が経てば市民が諦めると思っているに違いない、それだけは絶対にしない、ということを確認しながら、運動を進めて行きました。

司会　そのあたりの緊迫したやりとりは、松本武顕監督の映画『ハトは泣いている・時代の肖像』（２０１６年）の中に克明に描き込まれていますね。ところで当時、作者とはどのような形でつながっていらっしゃったんですか。

これは私たち自身の問題

江野本　最初は、私たちは作者とは連絡を取り合っていませんでした。それは、作者の安全というんでしょうか、こんなご時世ですから、どんな嫌がらせがあるかわからない、作者を前面に立てた運動はしないということ。そしてもう一つ、これは作者の問題ではない、さいたま市に暮らしている私たち自身の問題なんだ、というふうに問題を立ててそういう集会等の準備をしてきました。でも、本当に、風穴を開けることができない中で、やっぱり、裁判とか、いろんなことを考えるようになったときに、作者と連絡を取り合うようになりました。そして、私たちだけではなくて、いくつかの団体が市側と交渉していましたので、バラバラでやるのではなくて、一緒に取り組んで行きましょうということが、話し合われて行きました。

司会　ありがとうございました。市民の皆さんの動きを集約してお話いただけたのではないかと思います。

当時、僕はさいたま市の公運審の責任者をしておりまして、この事件についてきちんと議論することなく、さいたま市の公民館のあり方について考えることはできないと思い、事務局に話したけれど、全く応じてもらえないんですね。話しちゃいけない、「あなたは立場をわきまえなさい」ということなんです。「公運審は中立公平でなければいけないんだから、それを踏み外すようなことがあってはいけない。あなたは提言のとりまとめという与えられた役割だけ果たしていればいい」と、こういうことでありました。

俳句会の皆さんはもとより、市民の皆さんも研究者たちも「地域的解決」ということを言い、目指していました。三橋公民館で生じた出来事なんだから、三橋公民館で話し合い、解決したい、ということです。さいたま市の公民館には、ほぼ各館ごとに「公民館運営協議会」といった名称のボランタリーな組織があり、公民館運営への協力を行っているのですが、三橋公民館の運営協議会も職員や行政と話をして「掲載を求めていく」という立場でした。けれども行政側は「世論が二分されているものを掲載することはできない」の一点張りなんですね。というわけで「地域的解決」も見通せない。どうしたものかと思っているときに、提訴という話が聞こえてきました。提訴と言っても、裁判って本当に大変なことなのでどうされるのだろうと思っていました。どのようにして、またなぜ裁判というものに持ち込まれたのか、その思い、見通しということについて、ひきつづき江野本さんにお話をいただければと思います。お願いします。

提訴へ

江野本　やっぱり、提訴するというのは、すごい勇気のいることです。どれくらい時間がかかるかも分かりませんし、当然作者にも大きな負担がいく。できるだけ、それはしたくないということで、今、安藤先生からのお話にありましたが、私たちは「地域的な解決」を目指してきました。地区公民館で起きた事件ですし、地域の文芸活動っていうんでしょうか、文化活動が問題にされたわけですから、当該地域で、当事者たちが話し合うことで解決していくものだ、というふうに「地域的解決」にこだわりました。

でも、残念ながら、本当に一歩も動かすことができなかったんですね。そこで、初めて裁判ということを考えるようになりました。２０１４年の12月、作者と代行のお二人と私たち含めて４人で、法律事務所を訪ねました。そのとき私たちが考えていたのは、裁判というよりも、行政不服審査を考えていたんですね。できるだけ裁判は避けたい。でもそのときに、もう時期を逸しているということと、処分性に問題があるということで、やっぱり裁判に向かうしかないということを助言されました。

私たちもいよいよ裁判かというふうに思い始めたのですが、それには何よりも作者が決断しなければいけないわけですが、作者からは「裁判だけは私は考えていません」というのを何度も聞いていたので、運動を広げていく中で、これ以外ないんだということを作者を含めて全体で共有しなければ裁判に踏みきれないと考えていました。その後、弁護団からきちんとお話をしていただくということで、作者の決断があって、裁判ということになりました。

当初、私たちは、原告は作者だけということは想定していなかったんですね。私たちみんなが原告になるということを考えました。でもやっぱり弁護団のほうから、「それはちょっと無理がある、原告は作者一人のほうが、より問題をきっちり出すことができる、むしろ、支える会を作った方が裁判の進行にはいい」と、そういう助言があって、原告は作者一人、私たちは支える会というものを作りましょうということに。でもそのときに、私たちはやっぱり支えるんじゃないよね。私たちもこの裁判を闘うんだよねということを確認し合いました。今略称で「市民応援団」というふうに言っているんですけれど、実は正式名称で言うと、『九条俳句』違憲国賠訴訟を市民の手で！実行委員会」というのが正式名称なんですね。この名称は、「私たちも原告なんだ」という思いを込めてつけた名前です。

ですから、どうして提訴に至ったかということを一言で言えば、ありとあらゆることを1年間やりました。弁護団のほうからは、「1年間、とにかく皆さんでがんばってください。で、どうにもならなかったとき、この事件が起きた6月25日に提訴しましょう」ということが提案されたんですね。私たちもぎりぎりまで頑張りました。でも、行政側はビクともしなかったわけですね。それで提訴に至りました。

司会　2015年の6月以降、裁判が始まってきた過程がよく分かりました。江野本さんありがとうございました。

それでは、その当時公民館の運営審議会の委員でいらっしゃいました、柿堺一二三さんにお話を伺いたいと思います。柿堺さんは現在、地元の社協の活動をされているんですけれども、十数年に亘って、浦和市で公民館の職員や副館長をやったというご経歴をお持ちの方でいらっしゃいます。

まず最初にお伺いしたいのは、柿堺さんがこの事件を最初にどのようにして知られたか。そして、そのときの印象を簡単で結構ですので教えていただけますでしょうか。

柿堺　浦和の柿堺でございます。ただいまのご質問ですが、私がこの俳句の件を知りましたのは、家でとっております毎日新聞のさいたま版を読んだときでございました。公運審の委員をしておりましたので、一度この問題は公運審で取り上げられるんだろうなと、そのときは考えておりました。

司会　ありがとうございました。柿堺さんは浦和市の時代から長く公民館活動にかかわってこられました。少しそのご経験を紹介していただいたうえで、今回の事件についてどのようにお考えになっておられるか、お話いただけますでしょうか。

柿堺　このことが進むときに、三橋俳句会の方が、公運審に傍聴に来られるようになりました。私どもが座っていると、後ろの席が傍聴の席だったんですが、そこに10～15人くらいの方が毎回見えまして、始まる前には、各新聞社が来て、パチパチパチパチ写真を撮って、嫌だなぁ、自分の顔が映らないといいなぁと思いました。それで話が進んでいくうちにですね、私はあらためて自分の公民館とのかかわりについていろいろ考える機会が多くなりました。

「おらの公民館たい」

柿堺　私は、自分は公民館に育てられたというふうにいつもどこへ行っても申し上げているんですが、公民館とのかかわりが非常に長くてですね。今もう80歳なんですけど、50年以上も公民館とかかわっております。と申しますのは、高校生の時代から公民館の活動に参加して、手芸教室で手芸を習ったり、コーラス部に入って一緒に歌を歌ったりして過ごした経験がありましたので、公民館には非常に愛着がありました。

それで、公民館と深くかかわりだしたのは昭和48年のことでございまして、うちの方では公民館というのは名ばかりで、町会事務所とか幼稚園を借りて活動をしてたもんですから、規準公民館を建ててほしいという要望を七つの自治会が協力して始めました。そのとき私も、その委員の一人に選ばれまして、常設のための会合を1週間に1回ずつくらい重ねまして、土地探しから、それから、費用の問題とか、地域と深くかかわってまいりました。

出来上がったのは、昭和56年でかなり年数かかったんですが、その間に、地域の方々との絆といいますか、関係が大変深くなりましたので、公民館が必要だということも地域に浸透しました。そのかわりできた公民館の備品は、自分たちで整えましょうということで、ほとんど家庭の方から2千円ずつご寄付をいただきまして、７００万円ほど集まりました。それで、机とか椅子は市が買ってくださいましたけれども、それ以外のもの、食器とかは地域の人がそろえて、オープンを待ちました。そして、やっと、市の土地だったんですが、女子寮と保育園が建っていたところを一つにしてそこに公民館ができあがりました。本当に嬉しくて嬉しくて感動して、涙流して喜んだくらいです。お年寄りの方なんか「おらの公民館たい」って大声で叫んで、何十年も苦労してきた甲斐があったねって喜び合ったんです。

そういうことで始まりました公民館ですので、非常に愛着があるものですから、何かあると、すぐ公民館に行って、職員の人に相談して、そして、いい解決方法を見出してもらったり、協力してもらったりするという関係でございました。

私が昭和48年に公民館の役員になったときに、当初、広報委員会というのに所属しなさいと言われました。まだ建物がないから、広報紙を出すことをやりましょうということで、公民館の館報というのが出てなかったので、それをつくることをやりました。以来２００号まで作りまして、いまは冊子にまとめてあります。本当にガリ版刷りのお粗末なものでしたが、こうして『公民館だより』っていうものを作りました。公民館を設置することは浦和市が認めていましたので、主事さんという人が教育委員会の中にいまして、何か用があると公民館にやってきたんですね。館長は地元の有力者でしたので、お仕事を持っていますし、私どもの広報誌の発行には協力してもらえなかったんですが、主事さんはいつも来ていました。それで私ども8人が広報委員になりまして、ガリ版の切り方から勉強しました。お若い方はガリ版とかご存じないでしょうけど、パラフィン紙なんですよね。それに鉄筆で書いて、印刷機で刷るんですが、夏場はロウ原紙のロウが溶けて、1枚だけだと刷れないんですね、途中で線が破けてくるもんですから。それで同じものを2枚用意して取り替えて刷りました。皆さん本当に協力してくださいました。教育委員会は紙だけは提供するけれども、あとはおまえたちがやれということで、「館報」という名前にはなっているんですけど、「発行のところに教育委員会って書かれると困るから、お前の名前を書け」って言われたものですから、私の名前がずっと入って発行していたものですから、「あんた勝手に作ってるの?」って何度も聞かれました。「これは『公民館だより』で、教育委員会がもともとのものなんですよ」って言い訳を何度もしながら続けてきました。

おおらかな浦和の社会教育が消え失せた

柿堺　そういうわけで公民館とのお付き合いが長かったので、どこの公民館もそういうものだと思っていました。ところが、三市合併の話がもちあがりまして、このおおらかな浦和の社会教育というものが消え失せちゃったんですね。三市が一緒になって、公民館がお部屋の申し込みを、コンピューターでやるようになりました。毎月1日になりますと、3か月使いたい日を指定して申し込みます。そうしますと、その月の15日に、当選したとか、落選したとかが出ますので、今月はだめだったんだ、他の公民館を空いているところ探して借りに行こうと。そのために、職員と市民との間には溝ができたといいますか、それくらいかかわらなくても、機械を通すだけですから、人間関係って無くなったんですね。

ですから、私も三橋公民館のお話を聞いたときに、なんでこんなことが起こっちゃったのか、なんで職員がもっと俳句会の人と話し合いをするとか、この俳句ができたときの背景というのはどうだったのかとか、そういったことを触れてもらっていたら、ちょっと違ったり、俳句会の方もどうしましょうとか、という話になるのか分かりませんけれども、そんなふうに思いました。

２０１４年の10月に三橋公民館に公運審有志で伺いまし

て、俳句の会と話し合いをしました。そのときびっくりしたのは、三橋公民館と三橋小学校って隣り合わせてるんですね。それで2階で続いているんです。こういう学社連携ができる公民館っていうのがさいたま市にあったのかっていう、そのとき初めて知りました。そういう地域の人が交流するのにふさわしい公民館でそれができなかった。それは職員が悪いんだなと。職員が悪いというと、主事も悪いし、館長も悪いし、その上のそういう対応をとらなかったのが悪いということになるんですけれども。公民館との関係が薄れた結果、こういうようなことが起こってしまって、本当に残念に思います。

司会　ありがとうございました。今の柿堺さんのお話から、もともとあった浦和、大宮等の地域の公民館が、合併でもって大きくあり方が変わってきて、まさにその中で今回の事件が起こってきたということについて、大変よく理解することができました。

それでは続きまして、現在お隣の富士見市の水谷公民館で館長をされている（2017年9月当時）冨塚一資さんからお話を承りたいというふうに思います。まず、冨塚さんこの事件について、最初にどのようにお知りになり、そのときどんなことをお考えになったのかということを教えていただけますでしょうか。

3　公民館職員の立場から

——冨塚一資（富士見市立鶴瀬公民館長）
片野親義（元・さいたま市立岸町公民館長）

現場はこの事件をどう捉えたか

冨塚　冨塚です。公民館大好きです。あらかじめ言っておきます。私がこの事件を知ったのは2014年7月9日の埼玉新聞。タイトルは「俳句掲載拒否　市に意見百件超　大多数が批判や苦情」というタイトルでした。結構大きい記事でしたが、同じ記事の中に大田堯先生のコメントがあって、「戦時中の言論統制を思い出させる」というのがとっても印象的でした。そういう意味では、そのときの印象としては、お隣の自治体でしたので、変な意味で私の身の回りにもとばっちりが来ないかなって正直心配でした。

司会　ありがとうございました。そういう中で、現職の公民館長として、冨塚さんはこの事件をどういうふうに受け止めてこられたでしょうか。

冨塚　公平性とか政治的中立性等を盾にしながら、この歌が偏っているということなんですが、職員が断定するということ自体が、それ自体が政治的中立性とか公平性を犯していると、そういう風に思いました。本当に大きな疑問を感じたといわざるを得ない。ありえない。月並みな言い方ですけれど、公民館は表現とか市民活動に常に開かれている空間であるべきだと思います。

司会　ありがとうございました。そういうふうに受け止める中で、しかし、冨塚さんは現職の公民館長でいらっしゃいますから、具体的にいろいろなことを配慮されたりなさってきたんじゃないかなと思いますけれど、そのあたりをご紹介いただけますでしょうか。

冨塚　大きく2点です。先ほどの江野本さんのお話によりますと、この事件があって、さいたま市では公運審の傍聴とか、結構関心も高かったようですけれども、私の周りの富士見市とかでは、全く関心がない、全く話題になっていないのが実情でした。なので、富士見市の中で、少なくとも関係者にはきちっと伝えないといけないと思っています。

一つは、市の公民館運営審議会ですね。それから、市教育委員会議でもたまたま発言できる機会があったので、この事件について、実はこんなことがあったんですと思い切って話してみました。残念ながら全く反応がなくって、ふーんという形で終わってしまいましたけれども。やっぱり今の、なんとなくものが言いづらい、意見が交わしにくい世の中の雰囲気なんだろうなと、私自身も思っていますが、言うべきことは言わないといけないなと思っていたということです。市民応援団ができた時に、公民館で私がお世話になっている利用者の方とか、俳句を作っている方もいたので、そういう方には、こんな動きがあって、こんなカンパの用紙がきてますよとかね、そういう紹介くらいはさせてもらいました。

二つ目は、この事件を、富士見市だけじゃなくて、多くの公民館の職員に伝えて一緒に考えていかなきゃいけないなと思いました。富士見市というか、東上線沿いなんですけれども、入間地区の公民館連絡協議会という団体、職員と公運審の研修とかそういうのがあるんですけれども、川越とか所沢とか、13市町あるんですけど、そこで構成されています。公民館が１００館くらい対象になっています。そこで結構研修の機会とかがありまして、私も話す機会があるので、そこでＰＲして、こういう問題を分かってもらわないといけないと思ったわけですね。例えば、毎年、入間地区公民館学校という、入門編みたいな研修があるんですけれど、そこでいつも講師を仰せつかっているもんですから、２０１４年以来毎年、その事業のレジュメの中には、必ずこの問題を入れて、実はこういうことがあるんです、というふうなことを必ずお話しするようにしています。

その他に、年に1回、入間公連で、職員研修会って大々的に企画をやっているんですね。そこになんとしても、この問題を正面から取り上げてもらいたいというので、公連の役員に間接的に言いまして、平成28年に安藤先生に来ていただいて、正面からやりました。テーマを「政治的問題と公民館活動」としたんです。そのときのアンケートとか、身近な職員と話したときに感じたことなんですが、みんなこのことについてどちらかというと無関心なのかなとか、あんまり聞きたくないのかなとか思っていたんですけれど、実はそうでもないんですね。実は結構いろんな公民館で、これに似たことで、考えたり迷ったり戸惑ったりしていることがたくさんあるということが分かりました。若い職員は特にね。その分かったっていうことがとっても収穫でした。

こういうことは続くでしょうし、これから判決も出ますので、今後も発信していきたいと思います。

司会　ありがとうございました。今、冨塚さんがお話された、職員の皆さんの研修会には私も参加させていただいたんですけれども、皆さんこういう案件について、お困りのこととか、結構悩まれることとかあるんじゃないですかと申し上げると、皆さんが頷くような感じで聴いておられるんですね。いま冨塚さんからお話があったように、「政治的問題と公民館活動」という問題は、本当に公民館の職員さんにとってすごく大きな課題としてあって、だからこそ、そのことについてきちんと考えたり、議論する機会があるのかどうかということが、きわめて重要なんだなということを思っておりました。ありがとうございました。

それでは、最後のお話として、浦和市、そしてさいたま市で公民館の職員、館長をやってこられました片野親義さんからビデオコメントを頂戴していますので、そちらを皆さんご一緒に拝見してみることにしましょう。これは、片野さんのご自宅にお伺いして、お話をお伺いしているものです。

市民と職員がつながることの大切さ

司会　まず、片野さんは本件について最初どのようにお知りになったか、またそのときの印象についてお話していただけますか。

片野　私が最初に事件を知ったのは、２０１４年の７月５日です。この事件が最初に報道されたのは、２０１４年７月４日の東京新聞でした。私は翌日にネットで、東京新聞の記事を読んで事件のあらましを知りました。ひどいことが起きたなあというふうに思っていました。そしたら、埼玉新聞の記者から電話がありまして、実は明日の新聞で、この問題を取り上げたいので、あなたのメッセージかコメントをいただきたいという取材の依頼を受けました。取材に応じながら、記者の方から経過などの事実を教えていただきました。そして、事件の全体を知ることになりました。

司会　ありがとうございます。片野さんは、浦和市の時代から長く公民館にお勤めになり、さいたま市では公民館長もなさっていたわけですけれど、全体としてこの事件をどのように受け止めてこられたでしょうか。

片野　私がこの事件を新聞の記事や記者の皆さんからお話を伺って知ったときの第一印象は、「大変なことが起きてしまったな」ということでした。しかし、よく考えてみますと、日本の公民館の現状や職員が置かれている状況を考えると、こうしたことは、さいたま市に限らず、日本のどこの自治体の公民館で起きてもおかしくない事件だという印象を持ちましたね。

私は今回の事件は、三つの要素が絡みあうことによって引き起こされた事件だと思います。そして、そのことによって大きな社会問題になっていったというふうに考えています。一つ目は、日本の社会の右傾化・反動化の動きと自治体行政の変化の問題です。この日本社会の右傾化・反動化と自治体行政の変化の問題というのが、この事件を考える上での重要なポイントになっていると思います。二つ目は、さいたま市の公民館に社会教育や公民館の本質を知らない職員が配置されているという問題です。今回の事件は、私の体験から申し上げますと、社会教育や公民館のことを知らない職員でなければ起こすことができない事件だと思います。社会教育や公民館のことを少しでも知っている職員の場合は、恐ろしくて今回のような事件を起こすような行為をすることができないと思います。このことが二つ目のポイントとしてあると思います。三つ目の大事なポイントは、そういった職員や自治体の理不尽な行為を許さなかった、九条俳句の作者はもとより、その仲間の俳句会のメンバーの存在があったことです。それらの皆さんの市民としての権利意識、自治意識、主権者意識の確かさということです。

時間がありませんので、詳しいことは申し上げられませんが、私はこの三つのことが連動することによって、今回の事件が大きな社会問題として世の中に出てきた、そして今日、この学会でもこうした議論が行われているのだというふうに思います。

10月13日にさいたま地裁の判決が出るとのことですが、私は判決の内容が、公民館における学ぶ権利や学びの自由、表現の自由などの原則を明らかにするということだけではなく、日本の国家と自治体が中心になって進めている右傾化・反動化の動きに警鐘を鳴らし、その危険性に対して一石を投じるものになってほしいと思っています。判決に期待したいですね。私はそういうふうに受け止めております。

司会　ありがとうございます。10月13日の判決は本当に注目されるところなんですけれど、そのことも含めまして、これからこの事件を解決し、さらにさいたま市の公民館を本当の意味での社会教育の施設として豊かにしていく、そのために、誰が何をすべきだと片野さんは考えていらっしゃるでしょうか。最後にその点をお伺いできればと思います。

片野　いま、私が考えていることは一つだけです。それは、今回の運動と訴訟を支えている母体がありますよね。「九条俳句市民応援団」です。いつか今回の事件が収束して、現在の名称で運動をする必要がなくなるときが来るのではないかと思います。そのときには今の組織をそのまま残し、引き続き、さいたま市の社会教育や公民館のことを、市民も、職員も、研究者も、弁護士の先生たちも、誰でも気楽に語りあえる「広場」として活動を継続していくことが必要なのではないかということです。例えば、「九条俳句市民応援団」の名称を「さいたま市の社会教育と公民館を考える会」とか、「さいたま市の社会教育と公民館を発展させる会」などに変え、現在のような活動をそのまま継続していくことが必要だというふうに思います。

私事ですけれど、私はこの問題が起きる直前に体を壊しまして、運動にほとんどかかわることができないまま今日を迎えています。この町の公民館で働いていた職員としては、とても恥ずかしいし、心苦しいし、そして、当初から頑張っておられる皆さんに本当に申し訳ない気持ちでいっぱいです。そんな気持ちで毎日を過ごしてまいりました。しかし、最近のことですが、さいたま市の公民館で働いている職員のみなさん（お会いしたことのない方たち）から、私に「社会教育の話や公民館で取り組んだ実践の話を聞きたいので時間をとってもらえないだろうか」という申し入れがございました。病気と病状のことをお伝えし、「体調の許す範囲内でなら…」という条件で、そういう職員の皆さんと、ここ2回ほど懇談の機会をもつことができました。正規職員の方もいらっしゃるし、非常勤職員の方もいらっしゃいます。そういう職員の皆さんが、九条俳句の問題をどういうふうに考えているかというと、「九条俳句は公民館だよりに掲載されて、何一つおかしいことはない」というふうにおっしゃるんですね。しかし、職場や会議の場などで自分からそのことを発言することができず、運動に参加したくても、自分から参加することができない状況に置かれているということをおっしゃっています。

私は、これまで面識のなかった職員の皆さんと、今回の運動を通して出会うことができました。九条俳句の問題が起きて、管理体制の強化が進められているさいたま市の公民館で、これから社会教育や公民館のことを勉強して、市民のためにいい仕事をしたい、そういう努力を始めたいと願っている職員の皆さんがいらっしゃることを知って、とても嬉しくなりました。そして、勇気づけられました。たくさんの元気をいただいているところです。私の体調が許す範囲内で、そういう職員の皆さんが、この町の公民館で輝いて仕事ができるように、いい実践ができるように、自分の微力をつくして応援させていただきたいというふうに思っているところです。

ですから、「九条俳句市民応援団」としての活動が必要でなくなったときには、「九条俳句市民応援団」を新しい名称に変えて、引き続き、さいたま市の社会教育と公民館の発展を考える「広場」として活動が継続できるように、みんなで力をあわせていく必要があるのではないかと思います。そうすれば、真面目にこの町でいい仕事をしたいと頑張っている職員の皆さんも、いつかその「広場」に出かけることができるようになるに違いありません。そういう「広場」で、今までと同じように、社会教育や公民館のことを語りあったり、学習会を行ったり、ときにはさいたま市の社会教育や公民館に対する政策提言を行っていく、そういう開かれた気楽な「広場」として「九条俳句市民応援団」の活動が存続されていくことを願っています。

司会　ありがとうございました。大変希望に満ちた、そして私たちがやらなければならないことについて、具体的なご提言もいただくことができたのではないかと思います。お忙しいところありがとうございました。

片野　失礼いたしました。

4　全体討議

司会　以上が、片野さんのメッセージです。ものが言いづらい職場の中にあっても、この事件を問題視していらっしゃる、そして本当にいい仕事をしたいというふうに思っている職員の方も実はいる。そういう方と市民の方とがつながり語り合えるような場をこそ作っていくことが大事なのではないかと、非常に具体的なご提言をいただきました。ありがとうございました。

それでは、ここからわずかな時間ではありますが、全体討議としたいと思います。ご発言いかがでしょうか。

社会教育委員はどう動いたか

質問者　今日はありがとうございました。名古屋で大学院生をしております。さいたま市は地元でもあるんですけれども、地元でこういった出来事が起きたっていうことを、3年経ってしまいましたけれど、ようやくちゃんと勉強することができてよかったなと思いました。

今の皆様のお話を伺っていて、社会教育委員さんの姿が浮かんでこなかったなという印象があるのですが、さいたま市の社会教育委員さんの働きというものは、この間、どんた形で関与されていたのかなというのを、少しご説明いただければと思います。

江野本　社会教育委員の人たちがどうだったかっていうのは、私にも分かりません。しかし、この事件が起きてすぐ社会教育委員会を傍聴に行きました。ところが、このときに、たぶん事前に事務局から話を委員長は聞いていたんだと思うんですね。委員会の冒頭、委員長が『九条俳句』の話はここでは議題にしません」というふうに、一言おっしゃったんです。それで、委員の人たちも、それに不満もなく、「はい」という形で終わってしまったんです。おそらく、社会教育委員会の中ではこのことは議題にならなかったのではないか思います。

司会　ありがとうございました。

今日はこの裁判で事務局次長をしていらっしゃいます、石川智士弁護士さんがいらっしゃいますので、いかがでしょうか。この事件にかかわっていらっしゃって、法律的な細かな論点というよりも、むしろどういう思いでこの事件にかかわっていらっしゃるかという、思いの一端をお話しいただけるといいかなと思います。突然のご指名で申し訳ございません。

これはもう勝つしかない

石川　弁護団の事務局次長をさせていただいております、石川と申します。弁護士というより一市民としてこの事件とどう向き合っているかというところをお話しさせていただこうと思います。私は弁護士になって1年目にこの事件が起きて、かかわり始めたのは2年目からということになります。この事件が起きたのはネットニュースで知って、うちは朝日新聞もとっていたので、佐藤先生と教育長との今日も資料で出てきている記事を目にしました。それを目にしたときに、これどうしたものかな、というふうにちょっと考えてしまったんですね。どっちが正しいんだろうというのが、その場でぱっと分からなかったというところがあります。

というのが、私もそもそも、法律をかじったくらいで、社会教育のことなんか何も分からない状態で、ただ単純に表現の自由の問題として考えていたところがあります。で、事件としても詳しい事実関係が分からなくて、3年8か月と、公民館だよりに載せられていたというのも知らなかったので、そういう状態でぱっと抽象的にこの問題が出たときに、どうしたものかな、と考えてしまったところがあります。

その後、若手弁護士で「憲法カフェ」という取り組みを市民の皆さんとやらせていただく機会があったのですが、その帰りに、主催者の方から、「こういう九条俳句の問題があるんですけど、裁判できますか」っていう相談を受けたことが1回ありました。そのときに、公民館職員にもおそらく編集権があるので難しい問題になるかもしれませんね、って答えてしまったことがあるんです。いますべて懺悔しますけれども。

で、いざ、その俳句作者の方とか、市民応援団の方と、懇談を持つ機会があって、訴訟に踏み切るかどうかのお話があったとき、そういうことを答えてしまったモヤモヤがずっとありましたので、この問題にはちゃんと向き合いたいなと思って突っ込んでいったというところがあります。

当時若手だったので、今もそうかもしれないんですけれど、弁護士が一番よく分からない社会教育のところについて、お前がやれというふうに言われてですね。私が担当をさせていただいて、そのまま勉強をうまい具合にですね、社会教育研究者の皆様方にご協力いただくことができて、突っ込んで聞くことができたということになっています。

これは勉強すればするほど面白くてですね、特に、文部次官通牒を最初に見たときに、公民館の理念を知ったときにですね、涙が出るほど込み上げるものがありました。憲法の精神をそのまま公民館という施設に託していて、これはもう勝つしかないだろうというふうに思ったんですね。そのままこの問題にかかわるようになって、原告の方もそうですし、それを支えてらっしゃる句会の皆さん、それから、市民応援団の皆さんも本当に素敵な方で、一緒にやっていて本当に楽しくてですね、これを変な形で終わらせられないなというふうに思っています。

この問題が、実際自分の立場で起きてしまったら、その場で誰か反論できたかなというふうに思ってしまいます。だからこそ、代表代行の方とか、作者の方がですね、電話を受けたときに、その場で毅然とした立場で反応されたというのが本当に素晴らしいと思っています。市民の方が現場で憲法とか社会教育の自由っていうものを守ってくださっているんだなということを実感した次第です。我々弁護士はそれを、裁判所に伝わるように、法律的に通訳しているだけだというふうに思っているので、皆さんの気持ちは絶対に正しいものだというふうに思っていますので、それがうまく伝えられるか、伝わらなかったら我々の責任と言ったら…そういう言葉は使いませんけど、いい形でこの裁判が終わることを祈っています。10月13日です。皆さんと一緒に喜べたらと思います。

司会　石川さん、突然の指名にもかかわらず、大変いいコメントをありがとうございました。石川弁護士は、ある会でもって、「この裁判は絶対学習権という名目でもって勝ちます」というふうに勝利宣言をされていますので、皆さんぜひご注目いただきたいというふうに思っています。
まだ皆さんからご質問をお取りしたいところなんですけれども、申し訳ございません。時間の関係がございまして。それでは最後に、今度は先ほどの発言とは逆の順番で、冨塚さんのほうから一言ずつ、今思っていること、考えていること、皆さんに伝えたいことについて、お話いただきたいと思います。

5　いま伝えたいこと

冨塚　判決が出て、当然完全勝利をして、それをちゃんとマスコミに取り上げてもらって、公民館の関係者や職員が、やっぱりあいつが言ったことは正しかったんだと、安心して公民館の仕事や活動に臨んでいこうと、そういうふうになったらいいなと思っています。以上です。

司会　ありがとうございます。冨塚さん、さっき打ち合わせのときに地元の俳句サークルの話をされました。とってもいい話だと思いましたので、その話をご紹介いただけますか。

冨塚　うちの公民館に、俳句サークルがないんですね。ないんですけど、たまたま、俳句サークルを立ち上げて活動したいというおじちゃんおばちゃんが何人かいたので、じゃあやりましょうっていうので、この秋から、俳句入門講座をやることになりまして。当然、その暁には、うちの公民館で俳句サークルを立ち上げて、公民館だよりに毎月選んでもらって、掲載していきたいと思っています。

司会　ありがとうございました。では柿堺さん、いかがでいらっしゃいますでしょうか。

柿堺　先ほどビデオに出てこられました片野さんは、私、常盤公民館で仕事をいたしましたので、よく存じ上げています。本当に彼が地域の人々に対する説明の仕方ですとか、話し方とかっていうのは、とっても親身で、たくさんのファンを持っておられました。そういう職員、ぜひ公民館にほしいと思います。今、公民館に職員がおりますが、常勤の人は一人ですね。あと三人は非常勤なんです。そういう行政の配置というのか、私は、さいたま市は考え直してほしいなと思いました。以上です。

司会　ありがとうございました。では、続いて江野本さんお願いします。

江野本　今日ここで発言をするということで、今までの資料をぺらぺらめくって見ました。そして、すごく驚いたというか、本当に報道がものすごく膨大な量があったんですね。見るとすごい量でした。私たちのこの運動は、ある意味マスコミに助けられてきたんだなと実感しました。
それと、もう一つ助けられたなと思ったのは、やっぱり研究者の皆さんです。理論的に支えていただいているだけでなく、毎回裁判の傍聴にも来てくださって本当に助けられたなと実感をしています。

先ほど、片野さんのあのビデオ見て、すごい宿題をもらっちゃったなと思いました。実は、私たちよく、「これで終わっちゃうと寂しいね、せっかくこんなに仲良くなったのにね」と言うんです。それで私たちは何を言っているかというと、「たまに同窓会やりましょうよ」というふうに言って笑っていたんですけれど。同窓会どころではない。大変な宿題をもらってしまったなというふうに思いました。

私は、先ほど始まる前にちょっと言ったんですけれど、公民館の役割とか、さっき理念の話も石川先生からもありましたけれど、全く知りませんでした。私の不勉強ということももちろんありますけれども、現実の公民館がそうなっていないから、私たちはそのことに気づかないまま、何年も貸し館として使ってきたんだろうなというふうに思っています。そういう意味では、片野さんの提案は無視できないな、これは帰ってからみんなに言わないといけないなというふうに今思っています。そして、絶対に勝ちたい裁判です。

司会　ありがとうございました。では、代行いかがでしょうか。

代表代行　この代表代行ということで、私はとっても妙な気持ちでいるんですね。代表者は事件のありました日を始めとしまして、そのあとも1回も句会に来ていないんですね。それで、このことについては一切お知らせもしていないんです。体が悪い方に、出席できない方にお知らせして、いろいろご面倒かけるのもお気の毒な気がします。もう今年91歳になられる方ですから、全くお知らせしていないんです。実際には、その6月に私が代行者として担って以来、9か月は私が事実上の代表をやって参りましたが、私は今でも代表代行という名前で呼ばれているので、なんかとても妙な気持ちをすることがあるんです。それだけです。

司会　ありがとうございました。では、最後に作者からよろしくお願いいたします。

俳句作者　私の日常の一部を切り取った俳句が、こんなふうな問題になるとは、全く思いもよりませんでした。このことによって、大変、大きな経験をたくさんさせていただきました。理不尽なことをされたということは、本当に怒りがあるんですけれども、その反面、こういうふうな問題になって、これだけ大勢の方がこのことを支持してくださって、大きな展開があって、驚いています。でもやっぱり、理不尽なことに対してのちょっとした呟きが、こういうことになっていくんだということ、そしてそれを必ず助けてくださる、というか、共感してくださる方がいるんだということが本当にしっかりと分かりました。そして、やっぱり小さな声を上げていくということの大事さというのを痛感いたしました。

先ほどのビデオメッセージで片野先生のおっしゃられたような、公民館とか、それから、もっと広い、みんなで自由に政治のことも、それから、いろいろなことを話していく場っていうのが、本当にあったらいいなと思います。さきほど江野本さんも言われていましたけれども、私たちもただ、そういうふうに、同窓会ということだけでなくて、公民館をもっともっと豊かにしていくことに少しでもかかわっていけたらいいんじゃないかなというふうに、ビデオを見て本当に思いました。

いろいろ今までご協力いただき、ご支援してくださったことに感謝いたします。ありがとうございました。

四つの問いかけ

司会　ありがとうございました。今日は、「九条俳句事件が問いかけること」というテーマで、俳句作者、三橋俳句会代表代行、市民応援団事務局長の江野本さん、元・さいたま市公運審委員の柿堺さん、富士見市水谷公民館長の冨塚さん、それにビデオ出演の元・さいたま市岸町公民館長の片野さんを加え、お話を伺ってきました。そこにはたくさんの論点があったと思うのですが、司会をしておりまして、とりわけ以下の4点が「問いかけ」としてすこぶる大切なのではないかと思いました。

まず、自らが生きる社会に対して、自分自身の思想や信条を声に出すこと、表現することの意味は何であるのか、ということです。これは芸術を含む表現活動総体の根幹にかかわる問題でしょう。そうであるからこそ、金子兜太さんをはじめ、全国各地の俳句会や文芸サークルの皆さんがこの事件に注目し、この裁判を応援してくださっているのでしょう。今日の作者のお話でとりわけ興味深かったのは、作者の句が「女性デモ」という表現に対するひとつの応答、共感の発露、として詠まれたということでした。「社会に参加する」とはまさにこういうことを言うのではないでしょうか。

二点目は、自己と社会とをむすぶ表現活動を公民館における学習活動として行うことの意味はどこにあるのか、またそのような学習活動を保障するために公民館は何をこそなさねばならず、また何をしてはならないのか。今回の裁判はこの一点をめぐる原告と被告の理解の格差――それは代表代行が公民館からの電話に対して「なぜですか、どうしてですか」と問い返した瞬間から口を開きました――から生じていますし、それゆえ双方のせめぎあいもこの一点をめぐってなされてきています。

三点目は、九条俳句の不掲載という出来事がそもそもなぜ生じたのか、またその出来事がひとつの社会的事件となったのはなぜだったのか、という問題です。片野さんのコメントはひとつの仮説を提示されています。ぜひ大いに考えてみたいものです。これはきわめてローカルな問題でありながら、同時にそこにナショナルな文脈やグローバルな文脈を読み込むこともできるでしょう。柿堺さんが証言されているような地域公民館史の実相の掘り起こしも、この問題を考えていくためには有益な方法なのではないかと思います。

四点目は、これから必要なことは何か、という問題です。焦眉の課題は言うまでも無く勝訴です。ただ勝つだけではなく、どのような勝ち方をするかが重要でしょう。でも、それだけではありません。ここでも片野コメントはひとつの方向性を示していますし、それに対する江野本さんや原告の積極的な応答は公民館を再定義する新たな市民運動の始まりを予感させるものとなっています。そうした新たな運動が、冨塚さんが取り組んでおられるような職員研修の改革と結びつくことによって公民館の再生がはかられることになるのではないでしょうか。

このように「九条俳句事件」は私たちが生きている社会とそこにおける学びの意味を鋭く問い、どのような社会に向けてどのような学びをどのように組織化していくのかという根源的な問題を私たちに投げかけています。ぜひこれからもこの事件に止目し、議論をつづけていきましょう。

ご協力いただきました6人の皆さんに御礼を申し上げます。誠にありがとうございました。

キーワード解説

公民館

上田幸夫

概要

公民館は、日本固有の代表的な社会教育・生涯学習施設である。戦後間もない１９４６年７月、公民館の設置に関する文部省からの提唱を受け、続いて教育基本法、社会教育法に公民館の設置が市町村の責務として明文化されたことによって地域に普及していった。

すなわち、「公民館は、市町村その他一定区域内の住民のために、実際生活に即する教育、学術及び文化に関する各種の事業を行い、もつて住民の教養の向上、健康の増進、情操の純化を図り、生活文化の振興、社会福祉の増進に寄与することを目的」（社会教育法第20条）とし、単なる「貸し館」施設ではなく、地域住民の暮らしに結びついた学習に応えるための総合的な学習センターとしての位置を確立してきた。

今日、全国の市町村の約90％に設置され、その数約１５，０００館が全国に設置されているように、公民館は、学校制度とともに代表的な教育制度の根幹をなすものとして日本の地域社会に定着している。

日本における公民館の設置は、戦後、戦争への道に突き進んだ時代を反省し、平和な国家を再建するためには、教育の役割が大きいということが自覚され、平和な国家を再建するためには、国民が主権者としての行動できるよう、政治的教養を身につける必要があるとの認識が広まり、当時、文部省社会教育課長であった寺中作雄が「公民館」という施設を提唱し、それが１９４９年に社会教育法の制定によって、公民館は法的な位置づけを獲得することになったのである。それゆえ、「公民館」という名称の由来は、戦後、新しい日本を創っていくための国民の政治的教養の形成ということから、「公民」（ｃｉｔｉｚｅｎ）という概念が充てられている。

歴史

社会教育法にあるように、公民館の設置は市町村に義務づけていることから、１９５３年の町村合併促進法の施行は、市町村ごとに設置をすすめてきた公民館にとって、大きな転換をもたらすことになった。全国の市町村のおおよそ３分の２にあたる町村が廃止・統合され、それに応じて設置されていた公民館が廃止へと動いていったのである。広域化した自治体には、その中心的位置づけとなる中央公民館、あるいは本館と、それに対して地区公民館、あるいは分館公民館といったように、同じ公民館が、合併を契機として、性格の異なった公民館が浮き彫りになり、その後の公民館体制において、「本館」（中央館）と地域ごとに配置される「分館」へと変容していったのである。

その結果、１９５５年段階では、全体の８割が分館としてカウントされていた公民館であったが、その分館公民館は次第に廃止へと追い込まれ、一公民館対象エリアは拡大していくことになった。こうして、１９６８年には70年の歴史の中でも最低の設置数の１３，８０１館にまで落ち込んでいる。すなわち、１９６０年前後して、約２０，０００館が廃止という結果になっていったのである。

しかし、１９７０年代以後の30年の間、公民館は増加を続け、１９９９年には１８，２５７館にまで達することになっていた。ところが、３年後の２００２年の全国調査では減少が確認され、以後、公民館は減少が続いている。こうした公民館数の減少傾向もまた、平成の大合併によるところが大きく、再び、分館公民館の廃止が、全体の数の減少につながったことが浮き彫りになっていたのである。

基本理念

公民館における学習とは、学校教育のそれとは異なり、地域の人々が集い、そのことを介して、学びの機能を持つという施設である。とはいえ、人々がただ集まっただけでは、学びの場とは言えず、集ってきた人々が、学びにつながる働きかけ、あるいは「仕掛け」をもっているのが公民館である。したがって、公民館は単なる集会所ではなく、国民の自主的で主体的な学習を発展させる有機体であり、国民の自己教育としての社会教育機関なのである。

そうした公民館が市民の学習・活動の拠点であることを明確に打ち出したのは、東京都三多摩の公民館活動のなかで編み出された『新しい公民館像をめざして』（東京都教育庁社会教育部、1973年）であり、教育機関としての公民館像が深められた。このなかで、公民館の役割は、①「住民の自由なたまり場」、②「住民の集団活動の拠点」、③「住民にとっての自らの大学」、④「文化創造の広場」をもち、また7つの原則、すなわち、①「自由と均等」、②利用にあたって「無料」の原則、③「学習文化機関としての独自性」、④「職員必置」、⑤「地域配置」、⑥「豊かな施設整備」、⑦「住民参加」の原則を明示したのであった。

課題

制度的に公民館は「社会教育機関」（地方教育行政の組織及び運営に関する法律、第30条）であるが、地域の総合的な施設という性格から、その機能がじつに多様で、地域のさまざまな要求を受け止めてきた歴史が、独自の施設イメージを拡散してきた面はぬぐえない。また、それゆえ、公民館に配置される職員の存在は、教育専門性を保持するものでなければならないという基本的な性格があいまいになって、その体制とその専門性のあり方が問題となってきた。

また、公民館制度は、社会教育法において、市町村が設置する公立公民館（同法第21条及び第24条）を基本にするとともに、地域の協働の営為として形成されてきた自治公民館、あるいは公民館に類似した機能を持つ公共空間の存在が少なくないのが現状である。つまり、地方公共団体による設置の公民館と、必ずしも条例によるものではなく地域の自治によって形成される公民館も少なくない。そうしたなかで、近年、公民館運営の新しい形態として、地域活動を続けてきた人たちによって組織されたNPOによって運営される公民館が生まれている。こうした動向を踏まえ、日本の公民館の全体をとらえていくことが課題となってきている。

また、公民館に配置されている職員のうち、専任職員は全体の4分の1程度にとどまっている現状が長く続いていることも大きな課題である。公民館の教育性にとって、地域の人たちの「集い」をとおして学びにつなげていくことができるように働きかける職員の存在は不可欠である。公民館職員、すなわち館長・公民館主事・その他の職員の配置を制度的配置していくことも日本の公民館の大きな課題である。

うえだ・ゆきお＝日本体育大学教授

第 Ⅱ 章

九条俳句不掲載損害賠償等請求事件の原告主張と地裁判決

さいたま地裁一審判決

1 口頭弁論の論点と控訴審への課題 ―弁護団の見解

久保田和志／石川智士

1 判決に期待していたこと

(1) 九条俳句問題とは

２０１４年6月にさいたま市大宮区の三橋公民館で公民館職員が地域の市民サークルの俳句の創作活動に介入をした事件が、埼玉九条俳句問題である。

埼玉九条俳句問題は、行政が市民の自由な学習活動・表現の自由を脅かした憲法の人権侵害であるとして、すぐに、多数のマスコミで取り上げられた。これに加えて、多くの市民が行政の介入に対して批判的な声をあげて、民主的な是正を求めたが、さいたま市が問題に対応しなかったために、俳句の作者が２０１5年6月25日にさいたま地方裁判所に国家賠償請求の裁判を起こした。

(2) 事案の概要

事案を敷衍すると、15年以上公民館を利用して、俳句の創作活動・学習活動を行ってきた市民サークルである三橋俳句会では、２０１０年11月から、俳句会のメンバーで検討し、秀句として選出した俳句を一句、公民館に提出をして、公民館だよりに掲載し、市民に学習成果を発表してきたものであり、従前は三橋俳句会が選んだ俳句は修正等されることなく、そのまま翌月の三橋公民館だよりに掲載されてきた。

ところが、２０１４年6月に、学習サークルである三橋俳句会が、三橋公民館で俳句の創作・検討の活動を行った上で、三橋俳句会が選出した俳句を従来どおりに、三橋公民館だよりに掲載するため提出したところ、三橋公民館側が俳句の内容を問題視し、公民館だよりに不掲載としたという事件がおきたのである。その俳句は、『梅雨空に「九条守れ」の女性デモ』という、普通の主婦が普通に日常を詠んだ俳句であった。

(3) 提訴

市民の学習活動や言論活動に、公権力が介入するということはおよそあってはならず、そのため、憲法は検閲を禁止し、表現の自由や集会の自由を最大限保障している。表現の自由や集会の自由、そして、市民が自由に討論・学習をする自由は、健全な民主主義が機能するためには、極めて重要な基本的人権であることは当然のことである。また、自由な学習を行い、表現活動を認めることは、個人の人格的成長・発展のためにも不可欠であり、行政がこれに介入することは憲法違反となるはずである。

そもそも、市民の学びの場である公民館において、公民館側が市民サークルの学びの内容に介入することは、法律の前に、一般常識として考えてもあり得ない。このような常識に基づき、本件俳句の作者をはじめ、家族、俳句サークルの仲間も不当であると考えて、まずは、作者が公民館側に俳句の内容に介入して不掲載とした理由の書面回答を求めた。そして、その書面回答が不合理であると考えた作者の家族がマスコミに訴えて、この問題が報道されたのは、不掲載事件が起きてわずか数日のことであった。

さらに、この考えに同調した市民が俳句の不掲載に抗議したのは、不掲載からわずか1週間のことである。その後も同調する市民は増えて、市民応援団を形成して、多数のシンポジウム・さいたま市への申し入れ等を行ってきた。

人権は、市民の不断の努力によって維持されるべきことが憲法12条に規定されているが、本件はまさに、市民の不断の努力が実行されたケースである。

しかしながら、そのような市民の努力にも関わらず、さいたま市は事件から1年間、行政の中立・公正を理由に、本件俳句を公民館だよりに掲載するとの判断には至らなかった。

（4）訴訟に期待すること

本件は、さいたま市が、市民の学習内容に口を出して介入し、その上で本件俳句を発表させないと判断をしたものである。その判断の根拠は、近時、行政が市民の人権を制限する根拠として多用している『行政の中立性・公正性』である。

作者や市民応援団、社会教育学会、弁護団がこの訴訟に期待したことは、大きく言えば、以下の4点である。

まず、第一に、本件俳句の創作・発表活動に介入し不掲載としたさいたま市の判断を『違法』と判断してもらうことである。これは、本件俳句の不掲載後に作者⇩家族⇩サークルの仲間⇩応援団⇩社会教育学者⇩全国支援者⇩弁護団と市民の輪が広がっていき行われた民主運動の正当性を、憲法を守る最後の砦である裁判所に死守してもらうという意味と、市民の努力でさいたま市が否定し続けた本件介入行為の『違法性』を勝ち取るという民主的な成果となる。

第二に、全国の社会教育施設や集会施設などで行われる民主活動・学習活動に対し、近時、公権力が『行政の中立性・公正性』を根拠として制限するという事例が多数見られるところ、『行政の中立性・公正性』が市民の学習活動や表現活動を制限する正当化根拠となり得ないということを確認し、他の市民活動の規範としたいということである。

第三に、編集権限が行政にある『公民館だより』という媒体で市民が学習活動・表現活動をすることについて、憲法の人権保障が及ぶということ、公民館や公民館だよりが市民の社会教育や学習の自由に資するために存在するものであることが確認されることである。

そして、第四に、公民館職員は、市民サークルの活動に対して、また市民の学習活動・表現活動に関して、公正な取扱いをする義務、統制的支配など市民活動に介入をしない義務といった一般的な義務があることが正面から判断されることである。

これら4点を主な課題として、埼玉九条俳句問題の国家賠償請求訴訟は起こされ、市民応援団に支えられてきたものである。

2 訴状と口頭弁論の論点

本節では、弁護団の作成した訴状をはじめとして、口頭弁論で原告が行った主張を概観し、被告さいたま市の主張を踏まえ、何が論点となったのかを確認する。

(1) 原告が訴訟で求めたこと

① 請求の趣旨

原告が訴訟で被告さいたま市に求めたこと（請求の趣旨）は、次の二つである。

一つは、三橋公民館だよりに九条俳句を掲載すること（掲載請求）。もう一つは、九条俳句を不掲載とされたことに対する損害の賠償（国家賠償請求）である。

② 二つの請求の意義

二つの請求を選択したのは、主に次の理由による。

(1) 個別的な被害救済の視点

まず、なによりも、九条俳句が公民館だよりに掲載されないことによって原告が負った被害が回復されなければならない。そのためには、公民館だよりに九条俳句が掲載されることが、最も直接的で根本的な解決方法となるはずである。そこで、掲載の請求を選択した。

一方、九条俳句が掲載されないことによって原告が被った精神的苦痛を回復する手段としては、さいたま市に謝罪を求めることが考えられる。しかし、現在の日本の裁判においては、相手方の思想良心の自由の観点等から、謝罪を強制させることは難しい状況にある。そこで、精神的苦痛を回復する手段として一般的にとられている金銭的な解決、つまり損害賠償の請求を選択した。

(2) 一般的な規範定立の視点

原告の被害救済とともに考えなければならないのが、この訴訟が社会全体へ及ぼす影響である。

全国各地で行政の中立性を理由とした市民の自由への介入が起きている。しかし、訴訟という形で声を上げられる市民はごくわずかで、抗議したくても泣き寝入りをせざるをえない人々が数多いる。九条俳句訴訟で裁判所が一般的な規律を提示すれば、現に問題となっている事案や今後起きうる同種の事案において、解決の糸口となりうる。そして、行政への抑止力にもなりうる。

そのために、九条俳句訴訟において、公務員がその職務においていかなる過ちを犯したのか、そして、その過ちがなぜ・どのような法律に違反するのか、さらに、それによって原告の法律で守られるべきどのような利益が侵されたのか、といったことを、この事件を離れても一般化できるような形で裁判所に判断してもらう必要があった。

損害賠償請求が認められるかどうかを判断するにあたって、裁判所は、公務員の過失（過ち）や違法性（法律違反）、権利侵害（法律で守られるべき利益の侵害）といったそれぞれの要件について検討をし、その検討結果が判決文に示されることになる。国家賠償請求の形を選択した意義の中心は、ここにある。

原告個人の被害救済のためには、より高額の賠償が認められるに越したことはない。しかし、額の多寡よりも、被告さいたま市の違法性が認められることにこそ、この訴訟における重要な意義があると考える。

本誌の企画趣旨からはこの一般的な規範定立の視点が重要と思われるため、以下では、国家賠償請求の論点に重きを置いて論じることとする。

(2) 原告の主張（骨子）

① 国家賠償請求

原告弁護団は、国家賠償請求を認めさせる理由として、大きく5つの権利侵害を主張してきた。表現の自由、学習権、人格権、公の施設利用権、掲載請求権、の侵害である。これら5つの権利侵害は、最終的には前三者の主張に収斂されていくこととなった。詳細は、(3)以下で論じる。

② 掲載請求

原告弁護団は、掲載を認めさせるにあたって、俳句会と公民館との間に、俳句会が選んだ一句を公民館だよりに掲載させる約束（合意）があったことを、その根拠として主張した。

ただし、現在の裁判実務では、掲載請求を認めさせることは、想像以上に難しい。そもそものような約束はあったのか、約束があったとして相手を拘束できるような性質なのか、約束違反があったときに裁判所という国家機関がこれを強制させることができるのか、強制できるとしていかなる方法で行うことが可能なのか、等々乗り越えなければならないハードルがあるからである。

原告は、これらの問題を乗り越える一つの説明として、社会教育における公民館の意義を主張した。公民館が俳句会へ公民館だよりへの俳句掲載を持ちかけたのは、社会教育機関が社会教育関係団体における学習成果に対する発表の場を設ける趣旨であり、単なる約束ではなく、社会教育法上の規律が及ばなければならないものなのである。

(3) 国家賠償請求の論点

国家賠償請求では、被告にどのような義務違反や違法性があり、原告のどのような利益が侵害されたのか、ということを明らかにする必要がある。

主に論点となったのは、次の8つである。①公民館だよりの性質、②公民館だよりが表現の場となっていたのか、③表現の自由、④社会教育法違反、⑤学習権、⑥人格権（人格的利益）、⑦行政の中立性が正当化根拠となるか、⑧編集権の所在。

順にみていく。

(4) 公民館だよりの性質

① なぜ問題となるか

たとえば、とある民間出版社の週刊誌に、何の関係もない一般人が「俳句をつくったから載せてほしい」と突然自作の俳句を持ち込んだとしても、出版社は掲載に応じる必要はない。九条俳句事件の場合には、このようなケースと異なり不掲載が違法となるのはなぜか。原告弁護団がその理由付けの一つとして依拠したのが、公民館だよりの性質論である。

② 公民館の性質

公民館だよりは、公民館が発行する媒体である。公民館だよりの性質を論じるためには、公民館自体の性質を理解する必要がある。

公民館は、コミュニティセンターなどと同様に、公共団体が設置する公の施設である（地方自治法244条）。と同時に、公民館は、社会教育施設（教育基本法12条2項）であり、社会教育機関である（地方教育行政の組織及び運営に関する法律30条）。

社会教育とは、学校教育以外の、主として青少年及び成人に対して行われる組織的な教育活動（体育及びレクリエーションの活動を含む。）をいう（社会教育法2条）。社会教育は、主に教師による教育が行われる学校教育とは異なり、自律した個人である住民同士による自己教育相互学習が基本となる。公民館は、このような住民の社会教育のための場として設けられた施設・教育機関であるという点が、他の単なる貸施設とは大きく異なる。

この点については、原被告間に主張の対立はない。

③ 公民館だよりの性質

以上の公民館の性質を踏まえ、公民館だよりの性質が検討される必要がある。

公民館だよりの性質については原告と被告の主張に争いがある。

(1) 原告の主張―公民館の「事業」

社会教育法は、地方公共団体に対し、社会教育の奨励に必要な施設の設置及び運営、集会の開催、資料の作製、頒布その他の方法により、すべての国民があらゆる機会、あらゆる場所を利用して、自ら実際生活に即する文化的教養を高め得るような環境を醸成する義務を課している（3条1項）。

公民館は、このような環境醸成義務を踏まえて設置された社会教育施設・機関である。公民館は、住民のために、実際生活に即する教育、学術及び文化に関する各種の事業を行い、もつて住民の教養の向上、健康の増進、情操の純化を図り、生活文化の振興、社会福祉の増進に寄与することを目的とする（同法20条）。

そして、公民館は、このような目的達成のために、講座の開設、講演会等の実施、集会の開催、情報の発信、施設を住民の公共的利用に供すること、など様々な事業を行う（同法22条）。

公民館だよりは、住民の社会教育に資するために公民館が住民とともに情報を発信する媒体であり、公民館の「事業」として発行されるものである。

九条俳句が掲載される予定だった三橋公民館だよりについて、平成25年7月号から平成26年6月号までの1年間分を分析すると、住民の学習成果発表の記事が24件、住民への学習機会提供の記事が63件、サークル等への学習支援の記事が10件、その他事務的なお知らせが33件と、その大部分が住民の社会教育のために割かれていたことが分かる。

(2) 被告の主張―教育委員会の「事務」

一方、被告は、公民館だよりは教育委員会の「事業」（社会教育法5条16号）であるとし、教育長に権限が委任された事務につき、拠点公民館長が専決権限を有するものとした。

そして、専決権限を有する拠点公民館長が公民館だよりの編集発行についても権限を有しているため、公民館だよりに何を載せるか載せないかは、拠点公民館長に広く裁量が認められるものとする。

(5) 公民館だよりは住民の発表の場となっていたのか

被告は、公民館だよりは、単なるお知らせ（広報）に近いものであり、拠点公民館長が編集発行権限を有するものであり、どのような記事を載せるかは、公民館長の裁量に委ねられている旨の主張をしてきた。公民館職員が三橋俳句会に俳句の掲載を持ち掛けたのは、バラエティに富んだ親しみやすい公民館だよりをつくる趣旨であり、最終的に公民館長が、公民館だよりに掲載するのに適した記事なのかを判断する権限がある、というものである。したがって、公民館だよりが住民の発表の場とはなっていない、とする。

一方、原告は、公民館だよりは、住民が公民館で行ってきた学習成果を発表する場となっていたと主張してきた。公民館だよりは、上記のとおり、住民の社会教育のための媒体である。公民館だよりに俳句を掲載するということは、サークルが公民館において行ってきた社会教育活動の成果を発表する場を提供し、その発表がなされることによって、公民館における社会教育の成果が地域住民に還元されることを意味する。現実に、三橋公民館だよりは、三橋俳句会以外にも、切り絵の会や絵手紙の会にもスペースを提供し、サークルの学習成果の発表の場として機能してきた。

親しみやすい公民館だよりにする、という目的も、公民館を地域住民に身近なものとし、公民館での社会教育活動への参加を促すことを意味する。公民館だよりは、単なる「お知らせ」とは異なり、社会教育のための媒体なのである。

(6) 表現の自由

① 原被告の主張

以上のように、公民館だよりがその性質上住民の学習成果発表の場であることにくわえ、現に3年8か月の長きにわたって、俳句会で秀句とされたものがそのまま発表されてきたことを考えれば、公民館が俳句の内容に着目して差別的取り扱いをすれば、原告の表現の自由（憲法21条1項）を侵害したものといえる。これが、原告弁護団の表現の自由の主張の骨子である。

一方、被告さいたま市は、公民館だよりに俳句を掲載してもらう権利が原告に存在しない以上、表現の自由の問題とはならないと主張する。

② パブリック・フォーラムの法理

原告弁護団は、表現の自由侵害の理論的な根拠の一つとして、パブリック・フォーラムの法理を主張した。

憲法の一般的な教科書などでは、表現の自由は、国家「からの」自由を想定しており、市民が公権力に対して表現の場を提供することを強制できる権利までは導き出せないと説明される。

その一方で、本来の利用目的は別であっても、同時に表現活動にも利用できるような一般公衆が出入りできる公共的な場においては、公権力は表現の自由を最大限尊重しなければならず、原則としてこれを表現のために利用させる状態に置くことが必要だと考えられている。公権力がこのような場の市民の利用を正当な理由なく拒否する場合には、表現の自由を侵害したものと考えられる。

　このような考え方を、パブリック・フォーラムの法理という。表現の「場」の性質に着目した理論である。

　上記のとおり、公民館は、俳句会に対し、学習成果の発表の場として公民館だよりのスペースを提供したというべきであるから、このスペースはパブリック・フォーラムといえる。にもかかわらず、公民館は、正当な理由なく九条俳句の掲載をしなかったのであるから、原告の表現の自由を侵害するものである。これが、原告弁護団の主張である。

(7) 社会教育法の違反

原告弁護団が、公民館の根拠法である社会教育法に基づきさいたま市の違法性を主張した骨子は、次の二つである。

① 社会教育法12条違反

社会教育法12条は、「国及び地方公共団体は、社会教育関係団体に対し、いかなる方法によっても、不当に統制的支配を及ぼし、又はその事業に干渉を加えてはならない。」と規定する。

　三橋公民館は、社会教育関係団体である三橋俳句会が、その事業として行ってきた俳句の定例会の活動において選出された九条俳句に対し、その内容に着目して不掲載という不利益措置をとったのであるから、三橋俳句会の事業に不当に干渉を加えたものである。よって、さいたま市による不掲載は、社会教育法12条に反する。

② 社会教育法9条の3違反

社会教育法9条の3第1項は、「社会教育主事は、社会教育を行う者に専門的技術的な助言と指導を与える。ただし、命令及び監督をしてはならない。」と規定する。

　三橋公民館は、助言・指導の範囲を超え、九条俳句を公民館だよりに掲載しないという措置を講じ、俳句会に対する命令・監督をしたものであるから、社会教育法9条の3第1項に違反する。

(8) 学習権

① 表現の自由を論じるだけで足りるのか

九条俳句不掲載は、原告「個人」による表現を否定するものである。しかし、それだけにとどまるものではない。

原告の表現は、三橋俳句会で行われてきた学習に裏付けられたものでもある。そして、九条俳句は、原告が三橋俳句会に提出し、句会のメンバーで批評をし合い、秀句を選定するというプロセスを経て、三橋公民館に提出されたものである。公民館だよりへの不掲載は、こうした「自己教育相互学習」の「プロセス」をも否定するものなのである。

(7)で論じた社会教育法の規定は、社会教育における自己教育相互学習の自由を保障するために規定されたものである。これを権利として構成しようと考えたどり着いたのが、学習権である。

② **学習権とは**

学習権とは、「国民各自が、一個の人間として、また、一市民として、成長、発達し、自己の人格を完成、実現するために必要な学習をする固有の権利」である。

学習権は、憲法には明記されていないが、旭川学テ事件最高裁判決(最判昭和51年5月21日)で、憲法26条(教育を受ける権利)の背後にある憲法上の人権として認められている。

③ **学習権の侵害**

原告の主張は、次のとおりである。社会教育における学習成果発表の場としての公民館だよりにおいて、俳句を発表することは、学習権により保障される。そして、内容に着目して公民館だよりへの掲載を拒否することは、三橋俳句会において行われた自己教育相互学習のプロセスを否定することであり、学習権の一内容である社会教育の自由を侵害するものである。

これに対し、被告は、公民館だよりへの不掲載によって、原告が公民館を利用して行う俳句の創作・発表活動に干渉するものではないから、原告の学習権を侵害するものではないと主張する。しかし、被告の主張は、俳句不掲載により市民サークルにおける自由な学習活動に対して与えた萎縮効果に対する配慮に欠けるとして、弁護団は反論をしている。

(9)人格権ないし人格的利益 ~船橋図書館判決

以上にくわえ、原告が主張したのが、人格権ないし人格的利益である。この主張は、主に船橋図書館最高裁判決(最判平成17年7月14日)に依拠している。

① **船橋図書館事件とは**

船橋図書館事件は、船橋市の図書館において、司書が独断によって、特定の著作者の著書を廃棄した事件である。

この事件の最高裁判決は、公立図書館が、図書資料を提供して住民の教養を高めること等を目的とする公的な場であることを確認したうえで、図書館職員が、「独断的な評価や個人的な好みにとらわれることなく、公正に図書館資料を取り扱うべき職務上の義務を負う」とした。そのうえで、公立図書館の図書館職員が閲覧に供されている図書を著作者の思想や信条を理由とするなど不公正な取扱いによって廃棄することは、その著作者著作物によって思想、意見等を公衆に伝達する利益を不当に損なうものであり、著作者の思想・表現の自由が憲法により保障された基本的人権であることからすれば、思想、意見等を公衆に伝達する利益は、法的保護に値する人格的利益であるとした。

② 九条俳句事件への援用

九条俳句は、公民館が舞台である。上記のとおり、公民館も社会教育機関であり、公の施設（地方自治法244条）である。そして、公民館だよりは、住民の教養を高めること等社会教育に資することを目的として発行されていた媒体である。

したがって、公民館だよりの編集発行に際し、公民館職員は、図書館職員と同様に、独断的な評価や個人的な好みにとらわれることなく、公正に住民を取り扱うべき職務上の義務を負うものと考えられる。

そして、公民館だよりが住民の学習成果発表の場となっていたうえ、3年8か月の長きにわたって三橋俳句会が選んだ秀句がそのまま掲載されてきたことを踏まえれば、遅くとも三橋俳句会により九条俳句が秀句として選ばれ三橋公民館に提出された時点で、三橋公民館だよりへの掲載（への期待）は、原告の人格権ないし人格的利益として保護されるものと考えられる。

正当な理由なく公民館だよりへの掲載を拒んだ公民館職員は、上記公正取扱義務に反したといえ、その結果、原告の人格権ないし人格的利益を侵害したものといえる。

これが、人格権ないし人格的利益についての原告の主張である。

なお、被告は、船橋図書館判決は図書館で起きた事件であり、かつ、すでに閲覧に供されていた図書が廃棄されていたものであるから、九条俳句事件とは事案の性質が異なるとして、人格権ないし人格的利益の侵害を否定する主張をしている。

(10)「中立・公正・公平」が不掲載を正当化するか

被告は、社会教育法23条1項2号やさいたま市広告掲載基準を参考に、行政の「中立・公正・公平」の観点から、公民館だよりへの不掲載を正当化する主張をしてきた。

しかし、社会教育法23条1項2号は、「公民館」に対し、「特定の政党の利害に関する事業を行」うことを禁ずるものである。この条項は、あくまでも公民館に対する禁止規定を定めたものであり、住民に対し適用されるものではない。また、九条俳句のどこが「特定の政党の利害に関する」のかも不明である。広告掲載基準も、公民館だよりに俳句を掲載することとは無関係である。

そもそも行政の中立・公正・公平は、行政に課される規律であり、住民の自由な活動に対する制約根拠にはなりえない。

(11) 編集権との関係

先にも触れたが、被告は、公民館だよりの編集発行権限は拠点公民館長にあり、公民館だよりに何を載せ何を載せないかについて、公民館職員に広範な裁量が認められると主張する。九条俳句をたよりに載せるか否かは、最終的に公民館職員が自由に判断できるので、不掲載は問題ないという論理である。

しかし、公民館が住民の社会教育のための施設であり、社会教育法に市民参加の規定が組み込まれていることなどからすれば、仮に編集権が公民館職員にあるとしても、住民利用の観点から一定の制約が認められなければならない。そして、そもそも、編集権が存する場合にも、その行使が違法なものであれば、正当化されることはない。

したがって、被告が主張するように公民館職員に編集裁量が無制限に認められるものではないし、原告が主張してきた違法性の主張は、公民館職員に編集権限が認められた場合にも、排斥されるものではない。

以上が、主張と論点である。さいたま地裁は、原告の整理と若干異なる争点整理のうえ、判決を下すこととなった。

3 さいたま地方裁判所判決の意義

(1) 2017年10月13日さいたま地裁判決

2017年10月13日に、12回の口頭弁論と5回の進行協議期日を踏まえて、本件九条俳句訴訟における判決が出された。端的に言えば、原告は、この裁判において、i) 本件九条俳句を掲載すること、及びii) 不掲載にしたことの損害賠償を行うことの2点を求めて提訴していた。

これに対して、さいたま地方裁判所は、i) 本件九条俳句を掲載することまでは認めないが、ii) 損害賠償に関しては、さいたま市の行為を違法と認めて5万円を認容したものである。

なお、さいたま地方裁判所の判決は、損害賠償を認めるにあたって、「三橋公民館及び桜木公民館の職員らは、三橋公民館が本件俳句を本件たよりに掲載しないこととするに当たって、本件俳句を本件たよりに掲載することができない理由について、十分な検討を行っておらず、三橋公民館は、このような不十分な検討結果をもとに、本件書面1記載の内容を根拠として、本件俳句を本件たよりに掲載しないこととし、その後、本件書面1記載の内容が不適切であったことを認めた上、本件俳句を本件たよりに掲載することができない理由について、本件書面2記載の内容に変更するなど、場当たり的な説明をしていた」と認定している。

ここで、本件書面1で指摘されていたのは、『公民館は特定の政党の利害に関する事業を行うことは禁止されていること（社会教育法23条1項2号）』や『本件俳句の「九条守れ」という文言が公民館の考えであるとの誤解を招く可能性がある』等であるが、そもそも、一市民の学習成果である俳句の提出がどの政党の利害に関するのか全く理解できない説明であったし、公民館側の考えであるとの誤解を招く可能性についても不適切であったと撤回し、『公平中立の立場であるべきとの観点』に理由が変更されている。判決が指定するように場当たり的な説明であったことは明白である。

このような点などを前提にして、判決は『三橋公民館及び桜木公民館の職員らが、原告の思想や信条を理由として、本件俳句を本件たよりに掲載しないという不公正な取扱いをしたことにより、法律上保護される利益である本件俳句が掲載されるとの原告の期待が侵害されたということができるから、三橋公民館が、本件俳句を本件たよりに掲載しなかったことは、国家賠償法上、違法というべきである』として、正面から、さいたま市の行為を違法と認定したものである。

（2）さいたま地方裁判所判決の意義

ア　憲法12条の市民の不断の努力による『違法性』の認定獲得

まず、原告及び原告弁護団・応援団がこの裁判で最も、勝ち取りたかったものは、さいたま市が本件俳句を不掲載としたことが『違法』であることであった。

既に指摘しているが、本件俳句の作者は、三橋公民館側の介入によって、本件俳句が不掲載となったのを受けて、すぐに、三橋公民館の職員に対して抗議をして、不掲載とする理由を書面回答するように求め、回答された書面の理由が不合理であると考えて、マスコミで問題視され、同調する市民が行政に対して抗議をする流れとなった。

このように、原告や市民応援団は、行政が市民活動に介入することの問題性を当初より強く訴え、社会教育や公民館学会の学者も交えて、民主的に本件俳句不掲載の問題点を是正しようと裁判になるまでに活動をしてきたが、さいたま市の清水市長や教育委員長は、公民館職員の現場の対応について、問題がなかった（違法でなかった）としてこれを追認してきた。

市民が手を携えて支援の輪を広げて公権力に民主的に訴えても全く姿勢を正そうとしなかったさいたま市及び教育委員会に対して、裁判闘争を選択して、さらなる民主的運動を継続した結果、さいたま市の本件俳句不掲載が違法と判断されたのである。

この『違法』を認めさせた成果は、まさに、憲法12条の市民の不断の努力によるものであり、憲法価値をまさに市民が自ら守ったものとして、極めて価値が高い。

イ　公民館における社会教育の意義を一定程度理解していること

判決は、最高裁判所昭和51年5月21日判決（いわゆる旭川学テ判決）を引用しながら、『子どものみならず、大人についても、憲法上、学習権が保障されるというべきであり、社会教育法2条及び3条は、これを前提とする規定である』と述べ、学校教育のみならず、社会教育も憲法上保障される学習の自由であることを正面から認めた。

そして、市民学習に介入してはいけないことを規定する社会教育法9条の3や社会教育法12条の規定を大人の学習権を保障する趣旨のものと判断しており、これらの判断が判決でなされたことは初めてのことであり、社会教育への理解の第一歩が司法の場でされたことは重要な意義がある。

ウ　公民館職員の公正取扱義務を認めていること

また、判決は、社会教育及び学習権について一定の理解をした上で、本件において『公務員である三橋公民館及び桜木公民館の職員らが、著作者である原告の思想や信条を理由とする不公正な取扱いをした場合、同取扱いは、国家賠償法上違法となる』とし、職員の公正取扱義務違反を認めている。

これによって、公民館職員が公民館だよりに対する一定の編集権限があったとしても、不公正な取扱いをすれば違法になることが明確となったのであり公民館職員の裁量権に制約があることが明白となった点は社会教育の自由を有する市民にとっては重要である。

エ　行政の中立性・公正性に関する一定の判断がされていること

近時、特に政権に批判的な活動をしている団体に対しては、行政職員が中立性・公正性を理由にその活動を制限する事例が多数報告されているところである。

後に指摘するように、必ずしも十分ではない点もあるが、判決はその理由付けの中で、前記の学習権を憲法上の権利と位置付けたのみならず、実務で市民活動を制限する場面で用いられることが多い、『社会教育法23条』を『公民館が、特定の政党の利害に関する事業を行うことを禁止する規定』であるとして、市民の権利を制限する根拠となるものではないと明確に判断した。

この点、行政が社会教育法23条を誤解し、市民活動に政治色があると考えた際に、同条を根拠に市民活動を制限するようなことが実務上しばしば見られた（現在でもそのような事象が報告されている）。しかしながら、判決が出されたことによって、判決を認識した公民館職員はそのような理解が誤りであることを認識する契機となった側面がある。

また、これまで公民館職員が必ずしも十分に理解していなかった社会教育法9条の3や同法12条などの条文について、まさに学習権を保障する規定であることを理解し、不当に社会教育に介入してはいけないということを認識する契機ともなっている。

実際、本件訴訟提起後に、公民館におけるポスター・チラシ等の取扱基準によって、戦争法案という文言が掲載されているチラシを公民館において配架させないという運用をしたあきる野市が、社会教育法23条の理解を変更して、上記取扱基準を撤回するなど、一定の社会教育の現場への好影響も出ているところである。

4　控訴審及び今後の課題

（1）『中立性・公正性』という言葉の正しい運用を

さいたま地方裁判所が、さいたま市の本件俳句不掲載を違法と判断したことに基づき、原告である俳句作者と弁護団、市民応援団はさいたま市に本件俳句の掲載等についての協議を申し入れたが、さいたま市の判断は、東京高等裁判所に控訴するというものであった。

原告・原告弁護団・市民応援団の判決を受けての思いは、まずは『違法』と判断された判決を踏まえて、さいたま市に対しては、本件俳句を速やかに掲載することで実質的な作者・市民サークルの学習の自由及び表現の自由侵害の回復をさせることである。そして、今後、社会教育の現場で同じようなことが起きないようにするためにも、公民館職員に対して社会教育の本質・在り方を理解させる等の体制作りを求めていくことであった。

さいたま市は本来、このような民主的な提案、社会教育の趣旨に沿った市民活動に対して、反省すべき点を示して、むしろ今後の対策を具体的に提示すべきであったし、そのような提示ができれば、さいたま市の社会教育行政が合理的なものとして高い評価を受けたはずである。そうであるのに、東京高等裁判所に控訴をすると判断したことは、残念な判断と言わざるを得ない。

そして、市民活動との関係では、行政が中立性・公正性を理由に市民の民主的な活動を制限することがないように、中立性・公正性の意味を『多様な民主的意見を等しく認めること』であって、決して人権制約根拠として中立性・公正性を用いないこと、引いては市民活動の内容に着目した検閲的な行為をできないようにして欲しいとの期待を原告・原告弁護団・市民応援団はしており、そのような基準を東京高等裁判所に定立してもらいたいし、実務的に『中立性・公正性』という言葉が正しく運用されていくように社会運動を継続していくことも課題となる。

『中立性・公正性』という言葉については、従前より実務的には誤った使われ方が問題となっている。すなわち、2015年に姫路市の市民集会で現政権を非難したことに市側が介入して集会を中止させ、後に姫路市が憲法違反であったことを文書で認めて謝罪をした事例に代表されるように、各地で団体の思想・表現内容に立ち入って、表現活動や学習活動の機会を奪う憲法違反の事象が相次いでいる。

例えば、2014年11月の「国分寺まつり」に、市民団体である「国分寺9条の会」が行おうとした憲法9条に関するパネル展示を拒否された事例、2015年3月に埼玉県新座市の市民団体が「慰安婦」をテーマにした中学生向けのパネル展を市の施設で開催しようとしたのに対して教育委員会がこれを拒否した事例、千葉県の公民館では、公民館の駐車場に止めてあった車に「アベ政治を許さない」とのステッカーが貼ってあったケースで、公民館長が「ステッカーをはがしてから来てください」と発言した事例など、市民の表現の自由、学習の自由を『中立性・公正性』の名の下、表現内容・学習内容に立ち入って規制する憲法違反の事例が多く見受けられる。

『中立性・公正性』という言葉の誤解は、市民の学習の自由、表現の自由を侵害する危険が強いものであるから中立性・公正性は人権制限根拠となり得ないことを東京高等裁判所に明確にしてもらうことが重要課題である。

なお、やや横道に逸れるが、『中立性・公正性』という言葉は、市民学習や表現との関係だけでなく、マスメディアの表現の自由に対しても公権力が規制をさせるために用いられている。特定のコメンテイターに対して、偏向を理由に排除するような圧力があったり、政権批判の市民コメントを報道する場合には、賛成する側のコメントも平等に紹介することを示唆してくるという指摘をされる報道関係者も少なからず見られるところである。

中立性・公正性の誤った使われ方は、市民の学習の自由・

社会教育の自由といった人権を侵害することに加えて、多様な意見を多く社会で表現させることで、市民が民主的な意見を形成していくという民主政治の過程そのものをねじ曲げるものとして、民主主義・国民主権そのものを脅かす。

したがって、中立性・公正性については、九条俳句訴訟における裁判所の判断のみならず、公権力が誤った運用をしないように市民が注視し是正していく不断の努力が求められる。

(2) 違法性を正す実務的な感覚を求めて

また、さいたま地方裁判所判決は、大人の学習権を認めながら、公民館だよりで発表することまでは保障されない等として、学習権や表現の自由侵害とまでは言えないと判断している。

しかしながら、公民館だよりは、公民館事業のための媒体であって、集会施設の施設管理権などと同様、その編集権限に本来大きな裁量があるものではなく、市民学習の実現のための羈束裁量しかないはずである。

そうだとすれば、公民館だよりにおいて、俳句等の学習活動の成果が発表されている場面においては、学習権や表現の自由の保障は及ぶというべきであり、公民館職員はそのような市民学習に対して、検閲的な対応をしてはならず、不当な介入をすることは社会教育法の趣旨からも許されないというべきである。

そこで、さいたま地方裁判所が認定した公正取扱義務違反があるというだけでなく、市民の社会教育活動に対する不当な統制的支配・介入をしない義務の違反があるとの違法性を前提に、実務的に定着させる必要がある。

そして、取扱の公正性を問うまでもなく、市民の社会教育活動に対して不当に支配・介入をしないとの義務に違反をすれば、市民の学習権や表現の自由が侵害されるとの感覚を実務的な感覚にしていきたいところである。

このような感覚が現場で養われれば、市民の学習権保障はより充実したものとなるし、表現の自由の持つ自己統治・自己実現の価値も、より価値を高めるものである。

民主主義においての主役は、市民であって、行政職員ではないこと。行政職員は市民の学習・表現等の活動を円滑にすることがその職責であることを確認することが究極の課題であると考える。

＊付記　本稿は、1、3、4節を久保田が執筆し、2節を石川が執筆した。

くぼた・かずし＝九条俳句訴訟原告弁護団事務局長、弁護士
いしかわ・さとし＝九条俳句訴訟原告弁護団事務局次長、弁護士

２ 「九条俳句」市民応援団の立場から

武内　暁

１　私達の主張と裁判運動

私達は見過ごすことはできない

２０１４年６月25日に九条俳句が公民館だよりに不掲載となり、この事件は７月４日に新聞報道されて広く市民に知られることになった。７月９日の新聞報道によれば、直後の７月７日までに批判や苦情が市当局に１００件以上寄せられている（１）。

私達はこの事件を見過ごすことはできないという気持ちで７月25日に「公民館だより掲載拒否を考える緊急の市民の集い」を開くことにして、有志８人で相談して７月10日に次のようなよびかけを行った（２）。

＊＊＊＊＊

市民のみなさん。私達は呼びかけます。

７月４日の東京新聞１面、社会面の大きな記事を見て、目を疑いました。「三橋公民館だより」の〈梅雨空に「九条守れ」の女性デモ〉の会員互選の句を毎月一句の俳句コーナーから削除したという公民館長や管轄する市生涯学習センターの行為です。

俳句という表現、心情、文化、思想……領域に行政が自ら〃政治的判断〃をしたという行政介入です。最も地域に根ざし、様々なサークル活動や交流促進の場である公民館が市民の心の分野に委縮、自主規制をもたらすことをしたのです。理由は、〃公共性、中立、世論を二分している……〃と言っていますが、果たしてそうでしょうか?

私達は地元さいたま市民として、７日、８人が声かけ合いセンターに申し入れました。これは許されない行為だ。①文書で経過、②再検討見直し、③次号への掲載を、の３点でした。しかし、現在は「掲載の予定はない、公共施設としての判断だ」というだけです。この緊急の「集い」に参加してください。

私達は呼びかけます。この公民館だより掲載拒否は、なんなのか。何が私達を抗議、要望活動にかりたてたのか、そして行政の考えも聞きながら、様々な多くのみなさんの声で、再度行政に要望してこの社会的事件となった、さいたま市の地域を共に考えたいと思います。多くのみなさんのご参加をお待ちしています。

＊＊＊＊＊

私達は、さいたま市教育長に対してこの集会にパネラー派遣の依頼もした。集いで話し合って、市教育委員会と私達市民の関係がより良好になることを願ったのである。集会には100人以上の市民が集まったが、市教育委員会関係者は姿をみせなかった。

その後も私達は、公民館や教育委員会、生涯学習センター、さいたま市公民館運営協議会での話し合い、教育委員会や公民館運営審議会の傍聴、さいたま市議会への請願などありとあらゆる方法をとって、1年余にわたって「当事者間で地域的に解決する」活動を行ってきた。「公民館だより掲載拒否を考える市民の集い」を3回開催し、延べ380名の参加があった。小さな声だけれども、主権者・市民として当然の権利だという思いで、現場での解決の道を探った。

私達は「九条俳句」市民応援団を発足させて、「小さな「あたりまえ」のこの俳句表現を三橋公民館に公民館だよりに掲載することを求めてきた。しかし、こうした市民の声、要請行動に対して、さいたま市は頑なに「公民館の意見と誤解される、世論二分の一方の側の主張は、公平中立性からも掲載できない」と譲らなかった。教育長、市長もおおむね適正であるとの見解を発表し、私達市民の声には耳を傾けなかった。

こうして事件発生後1年の2015年6月25日に、「掲載拒否は憲法で保障された表現の自由の侵害」であり、公民館だよりへの掲載と「原告・作者への精神的苦痛」に対する損害賠償を求めてさいたま地裁に提訴することになったのである。

裁判運働の展開

それから2017年10月13日に判決が出されるまで、12回の口頭弁論が法廷でおこなわれた。毎回の抽選による傍聴・報告会は延べ1，760名に及んだ。この事件を当初から撮りつづけたドキュメント『ハトは泣いている』（松本武顕監督）の上映会や、社会教育・公民館関係学会・諸団体との連携集会、有識者によるメッセージ、最初からこの「小さな、かつ社会的事件」として報道してくれたメディア、また「九条俳句」市民応援団への賛同者、カンパ者は28都道府県から1，314人になった。毎回の法廷に定員の2倍から3倍の人数の傍聴者が駆けつけるため、私達は、傍聴者を途中で入れ替えることを裁判所に願い出て、認められた。全国からやってくる傍聴者が、弁護士や当時者の証言を直接聞く機会をもてたことは、裁判運動の力となった。また、26名の弁護団結成による力あふれる弁護活動や検証、研究、法的追及は、私達市民の大きな支えでもあった。

こうして、10月13日の判決「さいたま市の公民館職員らが原告の思想や信条を理由として、九条俳句を公民館だよりに掲載しないという不公正な取り扱いをしたもので違法である」を勝ちとった。市の根拠とした中立性・公平性や諸法令は不掲載の理由とならない、実質的に表現の自由の侵害を認める、「大人の学習権」を憲法上の基本的人権として認めるなど社会教育への理解など、積極的に評価される判決でもあった。

しかし、さいたま市は違法、不公正を不服として控訴、私達も「憲法判断をもっと市民に保障する表現、学習の自由の意義から論じてほしい、公民館の役割・公民館だよりの社会教育上の意義、公務員に求められる職務上の義務、行政の中立性の意味など深い判断を要求して控訴した。

私達はあらためて原告・作者と市民応援団は一体となり〝市民が主人公〟〝主権者は私達〟〝地域的解決は当事者間で〟の主張をもとに「裁判運動」を広げ、弁護団・社会教育関係者・多くの賛同者とともに今後の東京高裁の裁判に臨む。

2 「忖度」「社会教育」「憲法」「民主主義」を考える

暮らしの中の政治（まつりごと）

私達は「九条俳句」掲載拒否事件を通して、公民館とはまさに戦後の民主主義、大人の学習としての社会教育のセンター、拠点の役割があることをあらためて知った。そして、その前提である自由闊達な空間、社会、一人ひとりの声・行働があたり前に保障されることの憲法上の権利をもっている基本的人権の獲得の重要性を強く認識した。

「公共」とは、パブリックとは何か。行政・官僚・公務員の職務はまさに私達主権者、市民住民に「忖度」されるものであることが現状況下で再確認された。

つまり、暮らし、日常生活のすみずみまでが「政治＝まつりごと」であり、「九条守れの女性デモ」は決して「中立性、世論二分、公民館の意見だから」と検閲してはならない、あたりまえの表現の自由である。様々な多様な議論を保障して合意形成をめざす「場」づくりこそ行政、公共施設などの役割であることを確信していった。

民主主義とは何か、私達一人ひとりの個人の尊厳の価値が認め合う社会であることを知った。

「市民が主役」「主権者当事者運動」として、控訴審の勝利を

原告作者は「もう70年前の様な時代に逆戻りは絶対ごめんです……」と、２０１５年７月の提訴にあたっての呼びかけ文に記した。

そして6月23日の沖縄慰霊の日にとして〈合掌の　皺深き手や　沖縄忌〉とも詠んだ。

凛とした彼女の訴えに、私達市民応援団の一人ひとりが決意を新たにしている。今あらためてこの「九条俳句」運働によって全国の様々な「忖度」をはね返し、主権者としての市民が主役、当事者運動として現場の闘い、とりくみを励

ます控訴勝利へと、今後も更なるうねりをつくっていきたい。控訴にあたって、市民応援団のニュースレターに原告が寄せた決意のことばをしっかりと共有したい(3)。

＊＊＊＊＊

これまでの3年4カ月はとても長く重い時間でした。後期高齢者には、体力の面でも不安があります。さいたま市も、多くの主張が認められているのだから、まさか控訴はしないだろうと思っていました。ところが10月20日、申し入れについて話し合いが持たれ、市側は、申し入れの2点を拒否したばかりか、控訴することを決めた、と担当の武居秀子生涯学習部長は平然と言いました。(中略)

これでは、こちらも受けて立つしかありません。逡巡してやっと決めた裁判でしたが、やはり訴えて良かったと思います。これは俳句を載せるとかどうとかを越えた問題だと思います。小さな声に応えて下さったみなさまに心からお礼を申し上げます。

俳句の師より「私も市のやり方に激怒しています。これは正義を貫く闘いです。どうか、もうひとふんばりがんばってください」と激励のファックスをいただきました。私はみなさまと共に、ふんばって参ります。どうぞ引き続き応援をよろしくお願いします。

＊＊＊＊＊

今あまりにも「あの時代」へ後戻りするという危機のもと、「安保」「貧困」「沖縄」「モリカケ」「原発ゼロ」……など多くの課題が私達を取り巻いている。まさに裁判でさいたま市が主張している世論二分という議論についても、一人ひとりの自由闊達な言論を認め合う場を創り出し、そして主権者主体の政府をこそ、と願わずにはいられない。

その風土、文化、地域づくりの主人公として、この「小さな」「あたりまえ」の俳句の公民館だより掲載と国家賠償責任を求める裁判に勝利していきたい。

＊その後、２０１７年３月１日東京高裁は一回で結審、５月18日判決となった。

注

(1)「埼玉新聞」(２０１４年７月９日付)記事

(2)「『公民館だよりの掲載拒否』を考える市民のつどい」呼びかけ文(２０１４年７月10日)より。

(3)「『九条俳句』市民応援団ニュースレター」Ｖｏｌ・16(２０１７年11月６日)より抜粋。

たけうち・さとる＝

「九条俳句」違憲国賠訴訟を市民の手で！

実行委員会〈「九条俳句」市民応援団〉代表

キーワード解説

学習権

野村武司

1　学習するということ
——学習権の本質

「学習」——これを、九条俳句訴訟で意見書を提出した教育学者・堀尾輝久の言葉も借りながら説明すると、次のように言うことができる（堀尾輝久・兼子仁著『教育と人権』（岩波書店、1977年）5—13頁）。

学習は、人間にとって、根源的で本質的な営みである。それは、えてして既存のものをうつしとることと思われがちであるが、そうではなく、本来、知的で探求的な人間としての基本的な活動を意味する。人は、学習を通して、発見し気がつくことに新鮮な喜びを覚え、知を獲得する。それは人の成長過程であり、人間的発達そのものでもある。そして、そうした営みが、「文化をもつものとしての人間の歴史」を作り上げてきた。

こうした学習は、一瞬たりとも人からこれを奪い取ることのできないものであり、基本的人権の保障を誓った近代以降の国家・社会において、すべての人に、生涯を通じて保障されるべきものである。

学習は、こうした人にとって生涯の営みである以上、それは、生涯を通じて学ぶ人間の自己学習を本質とするものであり、その意味で、国民統制的発想から来る「生涯教育」とは一線を画するものである。また、それは、人間の創造性と文化の継承性の中で、現在に対する批判的視点とこれを乗り越える展望をもつ開かれたものであり、自己学習とともに、相互学習が重要な意味を持つというのも特徴である。

2　「学習」の権利としての保障——学習権の憲法的保障

こうした学習を権利として保障することについて、1985年のユネスコ・学習権宣言において示されることとなった。しかし、日本国憲法においては、これを明示的に保障する規定があるわけではない。

学習権について、最高裁は、旭川学テ事件の上告審判決（最大判昭和51年5月21日）において、「国民各自が、一個の人間として、また、一市民として、成長、発達し、自己の人格を完成、実現するために必要な学習をする固有の権利を有すること、特に、みずから学習することのできない子どもは、その学習要求を充足するための教育を自己に施すことを大人一般に対して要求する権利を有するとの観念が存在していると考えられる。換言すれば、子どもの教育は、教育を施す者の支配的権能ではなく、何よりもまず、子どもの学習をする権利に対応し、その充足をはかりうる立場にある者の責務に属するものとしてとらえられているのである。」として、憲法26条の教育を受ける権利の背景に学習権があり、それは、子どもはもとより、広く国民各自が一個の人間として有する権利であるとの見解を示している。

ただし、学習権は上述のとおり、より豊富な内容を持つものであり、教育を受ける権利だけではなく、個人の尊厳と幸福追求という人格権を保障する憲法13条、平等原則を定める14条、自己の考えの自由（思想及び良心の自由）を規定する19条、表現の自由を規定する21条、学問の自由を規定する23条、健康で文化的な生存の権利（生存権）を規定する25条などもまた学習権の根拠としてふさわしいものである。

3　おとなの学習権保障と社会教育

学習権は、子どもの学習権について、親の就学義務とともに、主として義務教育を中核にした公的な学校教育制度としてその保障がなされている。おとなについては、学習は主体的・自立的になされるものとして、その内容に関して、このような制度は予定されておらず、むしろ自由なものと考えられている。しかし、学習は、権利として、すべての人に、生涯を通じて保障されるべきものであることを踏まえると、おとなについてもその保障のあり方はとても大切なことである。

おとなの場合の学習権の保障は、生涯学習として教育基本法にも規定はあるが、具体的には、社会教育法にその考え方やしくみが定められている。おとなの学習は、自治体の住民が主体となり、その保障の責務は市区町村が負っている。住民は、自己学習・相互学習のために自由にグループを作り、社会教育法上、これは社会教育関団体としても位置づけられ、自己学習・相互学習を内実とした活動を行う。

他方で、市町村は、教育のための環境醸成に努力する義務を負い、生涯学習の振興について努力する義務を負っている。市町村は、社会教育の専門職を置き、公民館を設置して、これを住民の利用に供するとともに、公民館は、公民館運営審議会の意見を聞きながら、住民の意見も踏まえて公民館事業を通じて住民の活動を助成し、学習環境の醸成に努めることになる。

4　おとなの学習権の権利保障としての意義

このように、おとなの学習権は自由なものであると同時に、その保障において、市町村が一定の役割を果たすことになるが、権利保障との関わりで、次のことが大切である。市町村は、住民の自己学習・相互学習の自由を侵してはならない。社会教育法12条が、「国及び地方公共団体は、社会教育関係団体に対し、いかなる方法によっても、不当に統制的支配を及ぼし、又はその事業に干渉を加えてはならない」とするのはこの意味においてである。もっとも、市町村は、学習環境の醸成に務めることとされ、積極的な関与も期待されるが、内容的なことは公民館を通じて事業としてこれを行い、教育行政に対しては、その関与は、専門技術的な指導・助言を限度とし、また、援助も物資の確保とされており、しかも、社会教育団体からの求めがある場合にこれを限るなど、学習権が持つ自由権的側面への配慮がなされている。

のむら・たけし＝東京経済大学教授、弁護士

キーワード解説
表現の自由

棟久　敬

1　表現の自由の価値

憲法21条が保障する表現の自由は、基本的人権のなかでも最も重要な権利と考えられている。というのも、表現の自由には、個人が生きていくうえで欠かすことのできない次の二つの重要な価値が含まれているからである。それは、「自己実現」と「自己統治」の価値である。まず、それぞれの価値について説明しよう(1)。

(1) 自己実現

自己実現とは、表現活動を通して人は自らの人格を発展させていく、というものである。人は誰でも、誰かが発信した意見や知識、情報を受け取ることによって、また自分から意見や知識、情報を受け手に伝達することによって、自分がどんな人間なのかを発見したり、また自分の人生に意義を見出していく。このように、自分を発見し、人生を豊かなものとするために表現の自由は必要不可欠なのである。

(2) 自己統治

また、民主主義を維持・発展させるためには、多様な意見・情報が人々の間で自由にやり取りされることが必要不可欠である。世の中にたった一つの意見しか存在しないのであれば、民主主義は成り立たない。さまざまな問題について、人々が自由に意見を述べ、または受け取ることができなければ、民主主義を維持・発展させていくことは不可能だろう。このように、自己統治とは、民主主義を維持・発展させていくために表現の自由は必要不可欠だと説明するのである。

以上のように、表現の自由には重要な価値が含まれているので、国家権力は原則としてこれを規制してはならず、裁判所は規制の合憲性を厳しくチェックしなければならない。

2　表現の自由と給付

(1) 表現の自由と国家による援助

もっとも、表現の自由は、国家権力による規制から自由に表現活動をする権利であり、表現する場を提供することを求める権利ではない(2)。例えば、自分で本を書いて発表することはもちろん表現の自由によって保障されるが、自分が発表した本を他人に読むことを求めたり、図書館に入れてもらう権利まで保障されているわけではないのである。ただ、現代では、国家が保有し、管理する施設等を国民のために提供することがある。表現の自由との関連では、公立図書館の建設や維持が典型例だろう。公立図書館が特定の考え方に立って図書を購入することは許されないが、予算と図書を管理するスペースなどの限界があるため、古今東西すべての図書を購入するわけにもいかない。そこで、どの図書を購入・管理するかは政治的な影響力から独立した専門家である図書館司書に委ねられることになる。

しかし、いったん図書館が購入した図書を、司書の恣意的な判断に基づいて廃棄することは許されない。市の公立図書館の司書が、ある図書に対する個人的な反感から、この図書の作者らの著作を独断で廃棄したことが問題になった事件において、最高裁判所も次のように述べている。「公立図書館の図書館職員が閲覧に供されている図書を著作者の思想や信条を理由とするなど不公正な取扱いによって廃棄することは、当該著作者が著作物によってその思想、意見等を公衆に伝達する利益を不当に損なうものといわなければならない。そして、著作者の思想の自由、表現の自由が憲法により保障された基本的人権であることにもかんがみると、公立図書館において、その著作物が閲覧に供されている著作者が有する上記利益は、法的保護に値する人格的利益であると解するのが相当であり、公立図書館の図書館職員である公務員が、図書の廃棄について、基本的な職務上の義務に反し、著作者又は著作物に対する独断的な評価や個人的な好みによって不公正な取扱いをしたときは、当該図書の著作者の上記人格的利益を侵害するものとして国家賠償法上違法となる」(3)。

つまり、表現の自由には表現の場を求める権利は含まれていないとしても、図書館のような公共施設の職員の恣意的な判断によっていったん購入された図書を廃棄することは許されないということを最高裁は述べているのである。

(2) 違憲な条件の法理

さらに、このことと関連して、ある表現のための場を国家が提供するという場面を考えてみよう。このとき、表現のための場を提供する側である国家は、表現者に対して何らかの条件を課すことが想定される。そして、条件を課すことそれ自体は表現の自由を侵害するものではない。しかし、その条件が表現者の表現の自由を脅かすものである場合には、憲法21条に違反することになる。例えば、表現者の政治的な考え方などを理由にその人にだけ表現の場が提供されないとすれば、表現の自由が侵害されているといわざるを得ないだろう。これを「違憲な条件の法理」という(4)。

3　まとめ

以上のことから、公民館という公共施設の職員が公民館だよりへの俳句の掲載を拒否したことは、当該職員の恣意的な判断に基づくものであり表現の自由を侵害するものというべきだろう。本件では、公正中立であるべき公民館にとってふさわしくない等の理由から「九条守れ」の俳句の掲載が拒否されたが、むしろ公民館は、たよりに掲載された俳句を詠んだ人々が、その俳句について考え、判断し、議論していく機会を提供することが求められるのではないだろうか。そのような機会を提供してこそ、公民館は冒頭に述べた表現の自由の重要な価値を尊重しているということになるのではないだろうか。

注

(1) 以下の説明については、淡路智典「第5章　悪口を言うのも自由なのか―表現の自由」西原博史・斎藤一久編著『教職課程のための憲法入門』(弘文堂、2016年) 66・67頁も参照。
(2) 芦部信喜〈高橋和之補訂〉『憲法〈第6版〉』(岩波書店、2015年) 177頁
(3) 船橋市西図書館蔵書廃棄事件 (最判平成17年7月14日民集59巻6号1569頁)
(4) 蟻川恒正「論点解説『規制と給付』」『法学セミナー』754号 (日本評論社、2017年11月) 51・52頁、同「国家と文化」『岩波講座・現代の法〈1〉現代国家と法』(岩波書店、1997年) 199頁、また、九条俳句事件に関連して、濱口晶子「公民館だよりへの俳句掲載拒否と学習権・表現の自由」『法学セミナー』757号 (日本評論社、2018年2月) 118頁

むねひさ・たかし＝秋田大学専任講師

第Ⅲ章

九条俳句訴訟の争点と課題

「九条俳句」地裁判決報告会

1 社会教育における学習の自由と公共性

姉崎洋一

はじめに

社会教育における学習の自由と公共性の問題は古くて新しい課題を含む。それは、一つには、社会教育の自然権的自由と同時に社会権的自由の憲法的権利の法理を明らかにすることであり、二つに、そのことが現代社会における公共性（1）の質を問い直していることを事例に即して、明らかにすることである。

1 憲法・教育法における学習権保障の位置づけ

第一は、憲法26条に言う国民の教育を受ける権利は、単に学校教育における教育を受ける権利であるにとどまらず、広く国民の生涯にわたる教育と学習の権利を保障するものであること、その精神を受けて、教育基本法、社会教育法の条項は解釈されるべきであり、社会教育における学習・文化創造活動（政治的文化的教養）も憲法26条の根本理解に立って支援、保障されるべきであると考える（中村睦男、奥平康弘１９８１）。

第二は、上記の憲法にいう「国民の教育を受ける権利」は、単に受動的な権利や、子どもの権利にとどまらず（兼子仁１９７８）、現代においては、「教育への権利」（堀尾輝久１９７１、１９７４、２０１６）、さらには国民一人ひとりの「生涯にわたる学習権」（小川利夫１９７６、佐藤一子２０１５、２０１７）あるいは、主権者になるに不可欠の権利ととらえるべきである（永井憲一１９９１）（2）。それは、学校教育にとどまらず、社会教育の重要な責務である。それを担う中核的な教育機関の一つは公民館である。この公民館の責務を果たすには、公民館の教育性、自治性、それを担う職員の専門性が不可欠である。個々の公民館は、地方自治法上の「公の施設」（3）一般ではなく、憲法・教育基本法・社会教育法における自治的な教育機関であり、そのことの教育的責務と倫理基準を社会教育職員は有していることを十全に理解していなければならない。

第三は、公民館の教育機関としての施設運営、専門職役割、住民参加原則は、憲法と教育基本法を受けての社会教育法において規定されてきた。社会教育法5条（市町村の教育委員会の事務）と同法22条（公民館の事業）の区別と関連の理解が不可欠である。

当該事例において、被告が、「公民館だより」の発行権限を同法22条ではなく、同法5条をのみ根拠とすることは社会教育の本質の無理解あるいは意図的な誤読である。また社会教育関係団体の活動の学習成果（九条俳句）の内容を、一職員の政治的忖度（政治的中立性）から恣意的に判断し、当該公民館長を越えて教育長から不掲載を通知したことは、同法16条にいう「不当な支配」、同法12条にいう「社会教育関係団体」への「不当」な「統制的支配」ないしは「干渉」に相当し、社会教育の自由を圧殺する行為である。加えて「不掲載」の理由が、当初の根拠とした、同法23条、「さいたま市広告掲載基準4条（1）エ」のいずれも、後に「これらの条文は直接該当しない」と訂正したにもかかわらず、「俳句」不掲載を「撤回したものではない」（被告準備書面（3）6頁）と強弁し、不見識な法解釈の押しつけに対する真摯な謝罪を行わず、「九条俳句」不掲載の撤回を拒否し続けたことは、原告の人格へのいわれなき侵害であり憲法21条に反する裁量権の逸脱である。この点で、被告の対応は、社会教育法、憲法いずれの面からも、二重に違法と言わなければならない。

第四に、被告は、「公民館運営審議会」の答申に真摯に学ぼうとせず、そのことを今回の判断の考慮に入れることもしなかった。社会教育法は、公民館の運営にあたって、広く地域住民、学校及び社会教育関係者、学識経験者による声を生かすために、公民館運営審議会を設置している。（社会教育法29条）公民館運営審議会委員は、教育委員会が責任をもって「委嘱」している（同法30条）ものである。「第7期さいたま市公民館運営審議会提言」「市民の〈声〉が生きる公民館へ」は、「公民館だより」の重要性を再認識し、さいたま市内の60公民館の中で、3公民館に「市民参加の公民館だより編集委員会が設置され、日常的に市民の視線や声を活かした公民館だよりが実施されている」と評価し、「4つの提言」（①公民館の目的の再確認を絶えず行うこと、②公民館活動への市民の参加をさらに拡充すること、③市民に親しまれる公民館だよりの編集体制を整えること、④市民の信頼と期待に応える職員体制づくりにいっそう邁進すること）をまとめた上で、公民館だよりのルール化を提言している。

これに対して、まったくその声を聞こうともせず、「公民館の運営に関する情報の提供」（同法32条の2）もしない当該自治体及び同教育委員会には、法の精神の遵守どころか、法を無視しての現今の政治的な風潮への過度の忖度があったというべきである。

第五は、今回の事件は、公民館職員の主観的判断による恣意的な取扱とそれを是認する公民館長、教育委員会（教育長）、及び自治体の長による不当な介入によって生じたものである。俳句創作は、芸術表現活動に相当し、社会で生きている人間が主題を「実際生活に則して」自由に選ぶことは当然に想定されることであり、また作品は作者の手を離れれば自由な解釈の対象となるものである。それを「野暮で文化的に貧しい」（金子兜太「埼玉新聞」２０１４年８月17日）「政治的尺度」判断で、原告作者の人格を毀損したことは許されるものではない。芸術表現活動に対する無知蒙昧はそれにとどまらず、公民館の「公平性・中立性」理解の無知蒙昧と連動するものである。政治的忖度を優先するあまりに、原告に対する憲法上の差別禁止（憲法14条）違反をひきおこし、公務員の不法行為による精神的損害（同法17条）を与えるものである。このことは、「さいたま市公民館条例」の違法性にも通じるものである。同条例においては「利用の制限」（９条）を設けて「政治的中立性」に関する「公平」性を欠く差別的制限を設けているが、それは、社会教育法23条理解の誤読と同じく、公民館における利用者住民の行為と公民館の行為との区別の無理解である。これらは、被告の「公平性」「政治的中立性」、総じて公共性の無理解を露呈している。

2　社会教育法と公民館

(1) 日本国憲法と社会教育法

本事件訴訟においては、憲法26条が、中核的な条項である。憲法において教育に関する権利規定を設けたのは、大日本帝国憲法が教育条項を欠いていたことと対照的であり、勅令主義による教育が、批判や自由な討議を許さず、悲惨な戦争に国民を動員したことへの深い反省が込められている。その内容は、世界人権宣言（１９４８年）26条と、共通するすべての人の教育を受ける権利の明記である。この場合、世界人権宣言では、外務省仮訳では、「教育を受ける権利」を英語原文では、right to education（教育への権利）という表現を用いている。「国民の教育を受ける権利」は、基本的人権の歴史的発展に則して積極的に理解することが求められている。（堀尾輝久氏の「意見書」）すなわち、「国民の学習権」、あるいは「大人の学習権」「生涯に渡る学習権」としての広がりを含んだ解釈が現実的に求められているというべきである。

本件において、九条俳句の原告が、日頃の句会での学び合いと自らの気持ちを俳句に託し、日々芸術表現活動としての創作をつづけてこられたことは、多くの証言のあるところである。公民館での文化的諸活動は、実際生活に即した文化的教養の形成そのものである。原告が行ってきた俳句の創作と句会での相互学習、その成果発表を支援援助することは、憲法においても、26条の精神にかない、本人の生きがいと幸福の追求（憲法13条）に結びつくものである。また、その内容は思想表現の自由（同法19条、21条）によって、守られるべきであり、検閲はしてはならない（同法21条）ものである。職員による恣意的な取扱による差別（同法14条）や公務員の不法行為によって、損害が生じたときにはその賠償を求めることができる（同法17条）のは当然である。

これらの点において、被告（さいたま市、同教委、同三橋公民館、同桜木公民館）の取った「公民館だより」における「九条俳句不掲載」対応は、すでに前言したように、いずれも憲法の遵守義務を怠り、憲法の精神に反する不当な取り扱いと言うべきである。

（2）教育基本法と社会教育の位置づけ

教育基本法は、戦後教育改革の象徴的存在であったが、賛否の対立がある中で、2006年に「全部」改正された。この点で、改正教育基本法は、法解釈上の体系的一貫性が、かつて以上に重要になってきたといわなければならない。第一に、「憲法」適合的解釈の重要性が増すことになったこと、第二に、憲法に則るべき「教基法」の「精神」においては、解釈上の慎重な対応が求められることになったことである。

改正教育基本法では、新たに「教育の目標」（同法2条）には、「正義と責任」「伝統と文化を尊重」「我が国と郷土を愛する」などの理念的徳目＝道徳的規範が多く掲げられ近代教育法の原則である法と道徳との峻別原則を曖昧にした。また、「生涯学習の理念」（同法3条）が新設された。「社会教育」（同法12条）では、旧教育基本法7条にあった「家庭教育及び勤労の場所」が削除され、社会教育の時空間が狭められ、代わりに1項冒頭に「個人の要望や社会の要請にこたえ」が掲げられた。2項では「図書館、博物館、公民館」に加えて「その他の社会教育施設」新たに書き込まれた。

しかしながら、改正後の教育基本法（2006年）にも、「生涯学習の理念」（同法3条）において「あらゆる機会に、あらゆる場所において学習することができ、その成果を適切に生かすことのできる社会の実現」（同法3条）を義務付けている。その場合、「公民館その他の社会教育施設の設置」「学習の機会及び情報の提供その他の適当な方法に」よる「社会教育」（同法12条）の奨励、「良識ある公民として必要な政治的教養」を育む「政治教育」（同法14条）の尊重、行政等による「教育の不当な介入の禁止」（教育行政、同法16条）を明記していることが留意されなければならない。

（3）社会教育法の特徴と特質

社会教育法（1949年）は、要約すれば、以下の特質をもつ。社会教育法は、制定時の遅れから「戦後改革の弱い環」という側面もある（小川利夫『社会教育と国民の学習権』勁草書房、1973年）が、全体としては、47年教育基本法との接続性が強く、民主的教育原則をもつすぐれた法律との評価がされてきた（鈴木英一『日本社会教育学会紀要』第10号、1974年）。49年社会教育法の独自性は、第一に「国民の教育を受ける権利」（憲法26条）は、学校に限定することなく、すべての国民を対象にしていること、第二に教育基本法の教育の「目的」が「あらゆる機会、あらゆる場所」（47年旧教育基本法2条）に及ぶよう学校以外の「家庭教育及び勤労の場所その他社会において行われる教育」（旧教育基本法7条）の内「主として青少年及び成人に対して行われる組織的な教育活動（体育及びレクリエーションの活動を含む）」（社会教育法2条）と社会教育を定義し、第三に、国民の「自ら実際生活に則する文化的教養を高」める活動の奨励と国や自治体の「環境を醸成」する義務（同法3条）を明示したこと、第四に、非権力的助長行政として求めに応じる「指導・助言」行政を位置づけたこと、第五に、社会教育の自由を保持するための住民参加システムとして公民館運営審議会と、社会教育委員制度を独自に有し、教育法的にもすぐれた規定を読み取ることができる。

（4）社会教育法における公民館

① 法制定時の立法者意思――社会教育の自由の獲得のための立法

あらたに社会教育法が制定されることになって、出されたのが、制定時の「社会教育法解説」である。この『社会教育法解説』（寺中作雄、1949年）において、寺中は重要な指摘を行った。「社会教育の自由の獲得のために、社会教育法は生れたのであると言うことができるであろう。」

② 社会教育法における公民館の役割

公民館は、地域住民と密着して、市町村をはじめ地域社会の発展と住民生活の充実に資する事業を行ない、それにかかわる住民の自主的な教育文化活動や生活文化、社会福祉の増進等、地域づくりの発展を援助する役割を担うものである。社会教育法は、公民館の役割と活動について、一つには、住民や社会教育関係団体への諸活動の奨励、学習成果発表、自治的な活動などの支援援助をかかげ、二つには、それらを保障するための専門職員の配置、求めに応じての専門的な指導・助言、三つには、施設設備、諸条件等の環境醸成、四つには、自治的な運営を行うための社会教育委員、公民館運営審議会の提言や答申の尊重、五つには、地域住民に情報を公開することを求めている。これらに、加えて、それぞれの公民館は、地域住民や学習者たちの話し合いと参加を通じての教育機関の民主主義的運営を求められている。

（5）公民館と社会教育関係団体

社会教育関係団体について、本件で重要な規定は、9条の3の第1項である。その核心は、第一は、社会教育主事（職員）の職務は、命令監督を伴わない求めに応じた助言指導原則であることである。

本件では、明らかに社会教育関係団体たる「三橋俳句会」からの求めがあったわけではなく、突然に「公民館だより」への「九条俳句」不掲載が通知されたわけであり、命令監督に類した行為であったと言うべきである。

次に、社会教育関係団体と「国及び地方公共団体との関係」を定めた12条は、「いかなる方法によっても」と定める意義は、社会教育活動に対する権力的支配がどのような形によっても行われるべきではなく、社会教育関係団体の自由と自主性が決して侵されることのないよう厳格に示そうとするところにある。

本件のように、社会教育関係団体たる「三橋俳句会」の毎月の選句（俳句会内での選句と指導者の選句の一致による秀句の採択）を、「公民館だより」に載せることを、継続的に慣習的に認めてきた公民館が、一職員の主観的な判断によって突然、理由の不明瞭なままに不掲載とすることは、この12条の法の趣旨に著しく反する行為と言わなければならない。とりわけ、注視されるのは、今回の公民館の社会教育関係団体への介入は、「俳句」（「梅雨空に『九条守れ』の女性デモ」）の内容そのものについて特定してなされていることである。7月の選句だけなら8月号に掲載できますが、6月の梅雨空俳句と一緒に載せることはできません」という「通告」（「訴状」11頁）は、社会教育職員が俳句の内容についての「検閲」に近い行為を行っており、これは、専門職である「社会教育主事」が行ってはならない「命令及び監督」（同法9条の3）に相当し、明らかに「不当な統制的支配」（同法12条）に該当するおそれが強く、まして、専門職に相当しない施設職員が勝手な判断をしたことは、違法である。一審判決が、この点で違法性を認めたことは、重要である。

3　公民館と住民（市民）の学習活動・学習の自由

（1）公民館とおとなの学習権の保障

国民の教育を受ける権利は、人々の平均寿命の進展、人生の時空間の広がりの中で、人生の質（Quality of Life）を高めるために、生涯学習の機会を十全に活用できることを求めている。子どもの成長発達における教育の固有の役割の探求の中で育まれてきた教育学（Pedagogy）は、本来は子どもの学習に働きかける「教育方法」と同義である（佐藤学『教育方法学』岩波書店、１９９６年）。しかしながら、この間大人の学びの固有性の自覚が、多様な形で生成してきたのも事実である。

アンドラゴジー（Andragogy、成人教育学）の提唱以降の多様な学説と「老年学」の発展は、生涯にわたる教育理解の新たな発展を促して来た。

例えば、ユネスコにおけるラングランの生涯教育理論をさらに発展させたジェルピの抑圧からの解放の理論（E．ジェルピ『生涯教育―抑圧と解放の弁証法』東京創元社、１９８３年）や、フレイレの識字教育を基盤とした「解放の教育学」（P．フレイレ『被抑圧者の教育学』邦訳、亜紀書房、１９７９年）では、識字における意識化教育の重要性、また、日常生活や職場での学習の理論化、状況に応じての学習、共同学習や生活記録学習の再評価、徒弟制度の学習の見直し、住民運動における学習権の生成、専門職形成における省察型学習、ヴィゴツキーやエンゲストロームの「活動理論」（Y．エンゲストローム『拡張による学習―活動理論からのアプローチ』新曜社、１９９９年）、若者支援のユースワークや社会的教育学の主張など、この半世紀、めざましく教育学の再定義がなされてきている。このように考えると、大人の学習への権利を、新しい視野においてとらえかえし、基本的人権の歴史的発展に則して「学習権」（4）を積極的に理解することが重要となっている。

（2）公民館と公民館の事業―社会教育法23条

判決が認めたように、原告の「九条俳句」は、社会教育法23条に何ら違反するものではない。被告は、社会教育法23条における公民館の行為と学習者個人の行為とを区別せずに、九条俳句が、あたかも公民館の政治的意思であるかのような誤読を行い、今回の対応の当初の理由に用いたことについて、原告に対して、損害賠償を求められたのである。

4　本事件裁判の意義

1）社会教育における初の憲法裁判であり教育法裁判
　市民が原告であり、憲法（13条、21条、26条）と教育法（教基法、社教法）の両面での本格的裁判（表現の自由、学習権、人格権）

2）大人（市民）の学習権（26条）の具体的保障を問う裁判（学習権、人格権）
　（憲法の規範はどこまで及ぶか、憲法的自由）

3）社会教育施設（公民館）の自由、教育自治、政治的中立性、公共性を問う裁判
　（社会教育施設の自由、公の施設・社会教育施設の利用権、教育自治的運営、政治的中立性と不当な支配、弁護団のパブリックフォーラム論）

4）市民運動としての社会教育裁判（市民応援団、学会等の連絡会、弁護団）
　（学習権の権利拡張の法的承認運動、統治と人権の葛藤）

＊本稿は、さいたま九条俳句事件に即して、「さいたま地方裁判所民事部」に提出した、姉崎洋一「意見書」「学習権保障と公民館」（２０１６年、平成28年10月29日）に準拠して、大幅に加除筆している。同地裁は、判決（２０１７年10月13日）において、さいたま市の違法性（「国家賠償法」）について認めながらも、憲法、社会教育法には踏み込まず、同市が控訴したため、現在控訴審に入っている。

注

（１）例えば、斎藤純一『公共性の政治理論』（ナカニシヤ出版、２０１０年）。

（２）姉崎洋一「憲法の危機と社会教育法『改正』の動向」（『月刊社会教育』２０１８年1月号）44-50頁参照。

（３）例えば、白藤博行『地方自治法への招待』（自治体研究社、２０１７年）。

（４）大田堯・中村桂子『百歳の遺言』（藤原書店、２０１８年）「私の憲法と学習権」１２０-１２６頁参照。

参考文献

（１）佐藤一子「『九条俳句不掲載損害賠償等請求事件』の法的問題性と論点―市民の学習権と社会教育の自由をめぐって」（『法律時報』87巻13号、２０１５年12月）３４２-３４７頁、同「国民の学習権と社会教育の中立性」（『教育学研究』84巻2号、２０１７年6月）１４３-１５４頁、同「公民館の『公平・中立性』と学習権・表現の自由」（『季刊教育法』１９５号、２０１７年12月）76-81頁

（２）久保田和志「九条俳句訴訟と市民の学習権・公民館の自由」（『教育法学会年報』46号、２０１７年）79-87頁

（３）堀尾輝久・姉崎洋一・右崎正博・長澤成次「シンポジウム 学習・表現の自由と社会教育」、佐藤一子「九条俳句訴訟と学習圏論の現代的展開」（『月刊社会教育』２０１７年6月号）

（４）片野親義「第二章　『9条俳句不掲載事件』とは何か」『国家と社会教育と公民館』（双信舎印刷、２０１６年）

あねざき・よういち＝北海道大学名誉教授

2 住民自治に根ざす公民館運営と公民館だより

長澤成次

はじめに

今回の九条俳句不掲載等国家賠償事件は、地域住民の学習権を保障する公民館事業（社会教育法第22条）のなかでも中軸的な事業ともいえる公民館だよりの発行をめぐって起きたものである。地方教育行政法上、学校・図書館・博物館とならんで教育機関と位置付けられている公民館は、社会教育法第29条による公民館運営審議会の設置をはじめ、「公民館の設置及び運営に関する基準」第7条によっても「公民館の設置者は、社会教育法第29条第1項に規定する公民館運営審議会を置く等の方法により、地域の実情に応じ、地域住民の意向を適切に反映した公民館の運営がなされるよう努めるものとする。」とされ、地域住民の意思を反映させて公民館運営を行うことが法的にも要請されている。その際、地域住民の学習権保障にあたっては、憲法・教育基本法・社会教育法に基づいて、社会教育の自由と自治の権利が十全に保障されなければならないのはいうまでもない。

1 裁判で問われた公民館だよりの法的位置づけと性格をめぐって（1）

今回の裁判で「被告」さいたま市側は2016年12月11日の第2回口頭弁論における「答弁書」において「「公民館だより」は、社会教育法5条16号に基づくもの」であり、「公民館を運営するのは、教育委員会であって、その権限は教育長に委任されている。公民館だよりの発行者は教育長である」「「公民館だより」については、教育長から専決の権限を与えられた桜木公民館長の判断によって行うものであって、当然に、本件9条俳句が掲載されるものではない。原告に掲載請求権はない」と主張している。

さいたま市側の主張は多くの論点や問題点を含んでおり、ここですべてを扱うことはできないが筆者なりにいくつかの問題点を指摘してみよう。

まず、第一は、「公民館だより」を社会教育法第5条16号と位置づけている点である。

社会教育法は、第5条（市町村の教育委員会の事務）、第6条（都道府県の教育委員会の事務）、第22条（公民館の事業）というように、教育委員会の「事務」と教育機関の「事業」を明確に区別している。「事業」とは「一定の目的の下に同種の行為を反覆継続的に行い、その行為が権力の行使を本体としない場合をさす」（「社会教育法令の解釈指導について（回答）」昭和26年6月29日地社第一六号　文部省社会教育局長より）のであって、まさに公民館事業は、社会教育の自由と自治にもとづいて自律した教育機関のもとで展開されることが望ましく、教育委員会事務局はその事業展開を支えるための「環境醸成」責務（社会教育法第3条）に徹すべきであるからである。なお、同社会教育局長回答は、「公民館における事業の実施についてはできるだけ公民館の主体性を尊重すべきで、行政当局の意思を一方的に住民に押し付ける結果に陥らぬようにすること」とも指摘している。

現実には、教育委員会事務局の社会教育行政部局がさまざまな事業を展開していること、この間の社会教育法「改正」のもとで第5条に「事業の実施」（たとえば十三号、十四号、十五号）が新設されてきていることなどが挙げられるが、かつて文部省（当時）は「市町村教育委員会は、公民館その他の社会教育施設の充実に努め、これらの施設を通じて社会教育事業を行なうことを原則とし、直接市町村住民を対象とする社会教育事業を行なうことはできるだけ抑制すること」（「社会教育審議会答申『急激な社会構造に対処する社会教育のあり方について』の写しについて」（昭和四六・五・一五・文社社第一〇五号、各都道府県教育委員会教育長あて　社会教育局長通知より）と指摘していたのである。

ここではあらためて「公民館だよりの発行」は第22条（公民館の事業）に規定された一号から六号に関連する事業として位置付けられていることを指摘しておきたい。

第二は、「「公民館だより」については、教育長から専決の権限を与えられた桜木公民館長の判断によって行うもの」という主張である（2）。

地区公民館である三橋公民館が属する大宮区の拠点公民館は桜木公民館であり、さらにその上に全市を対象とする中央公民館として生涯学習総合センターが位置づく。このようなヒエラルキー構造のもとで、「さいたま市公民館条例施行規則（平成15年3月27日　教育委員会規則第16号）では、地区公民館の所掌事務を「第5条　地区公民館の所掌事務は次のとおりとする。（1）地区公民館の備品管理に関すること。（2）地区公民館事業の実施に関すること。（3）社会教育関係団体等との連携及び交流に関すること。（4）地区公民館の施設利用に関すること。」、拠点公民館の所掌事務を「第6条　拠点公民館は、地区公民館の所掌事務のほか、次の事務を所掌する。（1）所管する地区公民館（拠点公民館を含む。第4号及び第5号において同じ。）の予算執行に関すること。（2）所管する地区公民館事業の指導及び助言に関すること。（3）所管する地区公民館その他関係機関との連絡調整に関すること。（4）所管する地区公民館の維持管理に関すること。（5）所管する地区公民館の目的外使用及び貸付けに関すること。」としている。

今回の事件は、政令指定都市移行に伴ってさいたま市公民館体制が再編され、地区公民館の権限が明らかに後退した状況のもとで起こっている。しかし、「地区公民館の所掌事務」として「地区公民館事業の実施に関すること。」が明記されているのであって、地区公民館事業の一環として「公民館だより」の発行が自律的に行われうることは「さいたま市公民館条例施行規則」からいっても自明であり、何よりも、三橋公民館だよりに「発行　さいたま市立三橋公民館」（傍点筆者）と書かれている事実がそれを示している。なお、制度的には教育機関としての公民館の自律性を高めるためには、地域住民に最も身近な地区公民館長の決裁権を高める方向こそ重要な課題である。

第三は、公民館だよりの性格をめぐる論点である。

「被告」は「・・公民館だよりは、主に、公民館の主催事業の案内や市の関係機関の行う事業の案内を広報する刊行物で、公民館を使用する個々の学習活動を発表する役割まで担っているものではない」と述べているが、しかし、弁護団による三橋公民館だよりの実際の紙面分析から導き出される役割は、①学習成果の発表の役割、②学習機会提供の役割、③学習支援の役割であって、さいたま市の理解はあまりにも一面的な理解である。

さらに公民館だよりの持つ意義や役割については、第6期さいたま市公民館運営審議会答申「社会変化に対処する公民館のあり方について」において「・・・（4）啓発・広報活動の推進 公民館に対する理解と関心を高め、利用を促すために、あらゆる機会と場を捉えて、啓発や広報活動に努めることが望まれる。　公民館だより等は、いろいろ工夫して、継続的に回数多く出すのが望ましいと言える。単なるお知らせだけに終わらないで各種の学習活動の現状や成果の紹介、地域の歴史・文化・自然・産業など、また地域の課題や住民の生の声を取り上げたり、地域のニュース性のあるものを盛り込み、公民館に親しみを持たせ、活動への参加を促し、コミュニティづくりの拠点としての機能を高めていく必要がある。」（傍点筆者、平成25年10月）とまとめられ、さらに事件の渦中にあった第7期さいたま市公民館運営審議会は「市民の〈声〉が生きる公民館へ」（提言）において、「①公民館の目的の再確認を絶えず行うこと　②公民館活動への市民の参加をさらに拡充すること　③市民に親しまれる公民館だよりの編集体制を整えること　④市民の信頼と期待に応える職員体制づくりにいっそう邁進すること」という極めて重要な4点を提言している。さいたま市側の公民館だより理解は、自らが条例設置した公民館運営審議会答申をも無視したものであると言わざるを得ない。

2　あらためて公民館報（公民館だより）の原点をふりかえる

公民館報の発行の歴史は地域・自治体の状況を反映してさまざまな歴史を歩んできた。敗戦の翌年に発出された文部次官通牒「公民館の設置運営について」（1946年7月5日）によって全国にその設置が呼びかけられてから今年（2018年）で72年。同通牒においては「公民館の編成及設備」の項目において、公民館に教養部、図書部、産業部、集会部をおくことが例示され、「その他の事業」として、館報という言葉は出てこないものの「啓蒙的新聞、パンフレット等を作製頒布すること」という文言が見られる。

戦後の公民館報の具体的事例をいくつか述べるならば、たとえば千葉県千倉町公民館（現南房総市）では、公民館報『千倉だより』が1955年に発刊されている（タブロイド版2ページ立て、後に4ページ、年4回発行）。創刊号には、「・・皆さんと直接関係ある町政も一部有識者だけの政治ではありません。皆さんの政治です。それ故、その政治の良し悪しは、皆さんの責任でもあります。責任ある以上、日常町政に対して厳しい批判と、建設的意見を持つことは皆さんの義務ともいえましょう。そこで今回発刊された、千倉だよりは、町政の現状を町民によく知って頂き、更に皆さんから建設的な批判、意見を多々承る通信的使命と、皆さんの学習の一助となる様な資料を提供する意味に於いてのものであると共に老幼男女、一家団欒の糧ともなる様なものであるように心掛けて行きたいと思います。どうか、この新聞が真に町の発展の礎となり、日本の政治の行く手にかすかながらも一条の光明を点じてくれますならば、幸之にこしたことはありません。・・」（公民館長・関口鐵四郎「発刊にあたり」千倉町公民館『千倉だより』1955年2月17日）と記述されている。

創刊号で公民館長が記述した公民館報の役割、すなわち、「日常町政に対して厳しい批判と、建設的意見を持つこと」、「町政の現状」を伝え、「建設的な批判、意見を多々承る通信的使命」と「皆さんの学習の一助となる様な資料を提供する」こと、そして「一家団欒の糧」であるという公民館報の性格や役割は、今日からみても色あせていない。

都道府県レベル・市町村レベル・公民館レベルで刊行されている「公民館周年史」などを散見しても、公民館設置の経緯とともに、発行された公民館報（創刊号など）の写真などが掲載され、公民館報に関する歴史的経過を知ることができる。たとえば、『福井県公民館史』（福井県公民館連合会、1980年）には、「公民館報の草分け（昭和25年）」として「殿下のかじか　鯖江のみじかな草　杣山の杣山だより」の写真が掲載され、「かじか」については、1947年に優良公民館表彰を受けたときに殿下村で『村の新聞』が発行され、それが後に公民館報「かじか」になったと伝えている。

このような「村の新聞」（町報・村報）と公民館報との関係については、『長野県公民館活動史』（長野県公民館運営協議会、１９８７年）では、「昭和22年頃から『町報・村報』的なものが発行されていた市町村が、公民館設置に伴い公民館の情報を掲載し、その後24、５年頃から公民館報として発行されていた。また、町報的なものがなかった町村は公民館を設置したのを契機に、町村広報と兼ねて公民館報を発行している。」と記述され、『松本市公民館活動史―住民とともに歩んで50年』（松本市中央公民館、２０００年）においても、「公民館発足期に行政における広報（村報）を中心とした公民館報が昭和23年から26年にわたって発行されていった。館長が村長の兼務であり、経費などのこともあって、そうした形態をとらざるを得なかった一面もあるが、「社会教育法」が制定され「公民館設置条例」などにより、公民館の本格的発進に伴い、公民館報も住民参加による編集委員会体制がとられ、館報本来の目的である住民への問題提起や学習教材を提供する内容へと次第に変わっていった」と記述されている。

3 自治体広報誌と公民館報の違いとは何か

今回の九条俳句不掲載事件では、当初、さいたま市は不掲載の根拠を社会教育法第23条とさいたま市広告掲載基準4条（1）エ）を挙げていたが、後に撤回している。

歴史的には、町報・村報と公民館報との関係は、戦後初期の未分化な状態から、徐々に公民館報としての独立発行の体制が形づくられてきたといえよう。この点については、公民館研究会編による公民館運営双書5集『公民館質疑応答集　第1編・行財政篇』（１９５８年）が、Q&A方式で、次のように記述している。すこし、長いが引用してみたい。

＊＊＊＊＊

問　市町村報と公民館報を一本にするのはどうでしょうか。

答　市町村報は、条例、規則、告示等公示を要するものについて住民一般に公表したり、その他市町村行政の施策を住民一般に知らせることを目的とする定期刊行物であり、一方公民館報は、公民館の事業を住民に広く知らせると同時に各種の情報や資料（市町村当局の情報資料も含む）を提供し、併せて住民の社会教育に資することを目的とする定期刊行物であります。両者の性格は以上のようなものでありますので、一部分については重複したり、相連関したりするところもありますが、本質的に目的及び性格が異なっておりますので、公民館報は市町村報と切り離し、充分教育的な配慮の下に自主的に刊行し配布するのがよいように考えられます。なお、公民館報の刊行・配布に当っては、社会教育法第七条及び第八条の趣旨に基いて、教育委員会と市町村長が緊密に連絡協力し合うことが望まれるわけです。（傍点筆者）

＊＊＊＊＊

公民館の行政的位置づけについては、１９４６年にその設置が呼びかけられてから１９４８年の旧教育委員会法までは一般行政のもとに置かれ、１９４８年の旧教育委員会法以降は教育委員会のもとにおかれる（市町村における教育委員会設置は１９５２年以降）。教育の自主性と国民に対する直接責任性を謳った１９４７年教育基本法第10条（教育行政）を直接受け、その制度的保障として生まれた公選制教育委員会制度のもとにおかれた公民館であったが、50年代の「昭和の大合併」、１９５６年の任命制教育委員会制度の発足、１９５９年の社会教育法「大改正」、高度経済成長や60年代の地域開発の進行などで、地域や社会教育は大きく変貌し、さまざまな矛盾が噴出するようになる。公民館主事の不当配転の頻発（3）など、公民館の自立性と住民の学習権を保障する社会教育労働の専門性が鋭く問われ、同時に公民館報も行政から圧力を受ける事例も生まれてきた（4）。公民館報の自主性や自由をめぐっては、今回の九条俳句不掲載事件以前にも前史があったのである。

4　公民館報の自主性と自由を担保する住民の編集権

一般行政から独立した教育委員会のもとにおかれている公民館は、自律した社会教育機関としてその事業も自律的にすすめていくことが求められる（5）。公民館報発行についても、そのことは言えるのであって、住民参加の編集委員会を通して、自主的かつ自由な雰囲気のもとで館報が編集されることが重要である。

１９４９年1月1日に創刊された群馬県笠懸村公民館「笠懸公民タイムス」は、住民参加の編集、編集権の独立、公費負担、教育委員会規則による制度面での保障、そして何よりも地域と向き合う編集内容で、公民館報のモデルといわれてきた。ところが、２００６年4月に旧大間々町と旧東村と合併して「みどり市」になったのを機に「財政上の理由」から、５２７号をもって廃刊される。

笠懸の事例をみるまでもなく、公民館報は、地域・自治体の歴史と無縁ではなく、むしろ極めて強く影響を受けざるを得ない状況におかれている。幾多の困難を越えてきた「笠懸公民タイムス」の精神は、いつも一面に掲げられていた「公民タイムスは村民の声の広場として住みよい地域づくりにつとめます」という住民自治の精神である。そして、その住民自治を担保する仕組みこそ、「笠懸公民タイムス」がつくりあげてきた公民館報における編集権の独立であり、公費負担の原則である。公民館報の自主性や自由を担保するのは、まず第一に自律した教育機関としての公民館であり、その公民館を支えるのが一般行政から独立した教育委員会である。そのためには旧笠懸村のように教育委員会規則や、個々の公民館における公民館だよりに関する編集規定などが求められる。

5　地域に学びと自治をつくる公民館だよりと公民館の可能性

全国の公民館に蓄積されてきた公民館報に描写され、刻印された人々の思いや願い、暮らしや地域の課題、そして公民館活動の様子は、そのまま、地域・自治体史と公民館史を構成し体現している。公民館報は、地域の現在（いま）を切り取る作業を通して、結果的に地域・自治体の歴史を創る営みに参加しているのである。そして、その作業には、必ず住民と公民館職員の学びがあり、その学びが自治の力を生みだしている。公民館報の豊かさは、その公民館活動の豊かさの反映であって、その逆ではない。学級・講座中心の公民館は、学級・講座のお知らせ中心の館報になってしまうかもしれない。学びを通して自治を生み出す公民館報は、地域と地域に生きる人々と向き合おうとする公民館の意思から醸成されてくるものである。

さいたま市三橋公民館は旧大宮市時代の１９４９年９月1日に設置され（埼玉県公民館連合会『創立五十周年記念誌』２００１年3月より）、地域に根ざしたさまざまな事業を展開してきた。さらに住民の多様な学びの権利を保障すべく三橋公民館が30年以上にわたって公民館だよりを発行し続けているのは、公民館が常に地域住民とともに歩もうという意思がなければなしえないことである。

住民自治・住民参加に根差した公民館運営をより豊かにすすめていくところに、これからの公民館づくりの可能性が広がっていくといえよう。

＊本稿は、さいたま地裁に対して筆者が提出した意見書「公民館だよりと地域住民の学習権保障」（２０１６年10月1日）をはじめ、この間、筆者が九条俳句不掲載事件に言及してきた論稿をもとにまとめたものであることをお断りしておきたい。

注

（1）本稿では、公民館だよりと公民館報をほぼ同義語として扱っている。

（2）さいたま市教育委員会事務専決規程（平成15年3月27日教育長訓令第1号）「（地区公民館長の専決事項）第5条

地区公民館長（拠点公民館を除き、常勤の者に限る。）の専決事項は、次のとおりとする。（1）地区公民館の利用の許可　（2）市専決規程別表第2の2　人事・服務の表第1項から第6項までのうち、課長の専決事項。」

（3）千野陽一監修・社会教育推進全国協議会編『現代日本の社会教育―社会教育運動の展開』（エイデル研究所、1999年）や社会教育推進全国協議会編『不当配転を闘うための手びき』（1983年）などを参照。

（4）手塚英男「戦後の熱気と住民の主体性を伝えた公民館の歴史」『たぁくらたぁ』第6号（戦後60年記念、特集「公民館報にみる戦後」、2005年8月）を参照。

（5）「教育機関」とは、教育、学術および文化（以下「教育」という。）に関する事業または教育に関する専門的技術的事項の研究もしくは教育関係職員の研修、保健、福利、厚生等の教育と密接な関連のある事業を行うことを主目的とし、専属の物的施設および人的施設を備え、かつ、管理者の管理の下に自らの意思をもって継続的に事業の運営を行う機関である。（昭32・6・11委初一五八初中局長）

ながさわ・せいじ=千葉大学名誉教授

キーワード解説

社会教育の政治的中立性

荒井文昭

1 「政治的中立性」を名目とした学習権の侵害

日本国憲法第26条第1項の「教育を受ける権利」は、「国民各自が、一個の人間として、また、一市民として、成長、発達し、自己の人格を完成、実現するために必要な学習をする固有の権利を有する」ことを規定しているものであることが、最高裁判所の判決でも確認されてきた（1976年5月21日最高裁学テ判決）。

しかし今日、「学習をする固有の権利」が、「政治的中立性」を名目として侵害される事例が生じている。九条俳句掲載拒否事件をめぐる裁判で、被告側は俳句掲載を拒否した理由をつぎのように主張していた。

「『公民館だより』は、教育長の責任と権限で作成、発行するものであり、公務員として公正中立性を求められる教育長が、世論を二分する政治的な問題を扱う場合には、いずれにも加担せず、これを取り扱う場合はいずれとも等距離をとって等価値に扱い、取り扱えない場合には両者とも取扱わないという方針をとることに何ら違法性はない」（2016年12月9日「被告準備書面（六）」）。

自由に学ぶ権利が侵害される事態はこの九条俳句掲載拒否事件だけではなく、各地で引き起こされるようになっている。それらは多くの場合、与党の政策に批判的な表現や学習活動に対して、与党議員からの圧力、あるいはそれを予想した一部行政職員による〝忖度〟によって圧力がかけられている。

その場合に持ち出されてくるのが、社会教育における政治的中立性である。

この社会教育における政治的中立性をめぐる問題は、「不当な支配」（教育基本法16条）に服してはならない教育のあり方をめぐる問題として戦後から紛争がつづいている、未だ解決できていない課題である。現行憲法下においては、「人格の完成」（教育基本法1条）をゆがめるような教育に対する不当な介入は認められていない。しかし近年では「公正中立性」を名目とした行政の裁量行為によって、住民の学ぶ権利保障が急速に縮小されてきている。

2 政治と社会教育の結びつき

ただし、社会教育が政治的に中立であるということの意味は、明確になっているわけではない。むしろ歴史的にとらえれば、自律的な学習の成果は、政治のあり方にも影響を与えてきた。そのために、常に社会教育と政治のあいだには緊張関係が存在してきたし、これからもそれは存在し続ける。たとえば、旧浦和市谷田公民館における「子ども新聞」没収事件（1968年）をふりかえりながら、当時公民館職員だった片野親義は、社会教育と政治の関係について次のように述べていた。

「私たちの生活に関する話題は、そのほとんどが政治にかかわることだといっても過言ではありません。政治にかかわる事柄が、政治的だという理由で公民館活動のなかで禁止されるとしたら、人間の自己教育活動としての社会教育は成立しなくなってしまうのではないでしょうか」（1）。

生活に政治は何らかのかたちで関わっているのであり、それを公民館で禁止してしまっては、社会教育は成り立たなくなってしまうという片野の指摘は、今日の問題状況にも通じるものであろう。既存の政治権力は多くの場合、そのあり方を批判的にとらえる行為がみずからの存在を脅かしかねないものとなるため、社会教育を既存の政治権力の下に組み込もうとしてきた。政治権力と社会教育の関係には、根本的な紛争が組み込まれてきたとも言える。

あるいはまた、ある理想の実現を目的とする行為である点で、教育と政治は共通性をもっており、その意味で教育は高度な政治でもあると言われてきた(2)。教育は、政治と現実的に結びつきを持たざるを得ないだけではなく、深い意味で結びついているのだとすれば、政治と教育を切り離すのではなく、むしろそのあるべき関係のあり方が「教育的価値」の実現という視点から分析されるものでなければならない。

3　社会教育の自由を支えることのできる教育機関の運営をめぐる課題

一人ひとりの学ぶ権利を保障するとりでは教育機関である。学校、公民館などの運営が教育機関としてふさわしいものであることが、教育の自由を実現していくうえで重要であるが、この運営原則は現在、教育委員会制度の改定、そして、公民館などのまちづくりセンター化などによってあいまいにされ続けてきている。また、教育職員がその専門性を発揮させるための身分保障も脆弱なままにおかれてきた。

さまざまな歴史的制約のなかに生まれてきた一人ひとりの人間が、それぞれの可能性の中からみずから選択をし続けていく能力を生涯にわたって獲得していく行為が学習であり、教育にとって価値あるものとされてきた(3)。この教育的価値の実現には教育の自由を確保することが不可欠となるが、この教育の自由を支えることのできる教育機関の運営のあり方、教育実践の自律性を支えることのできる民主主義のあり方、教育政治(教育をめぐる、紛争をともなう集合的意志決定)のかたちは、いまだ解明できているわけではない(4)。

社会教育の自由は、社会教育の政治的中立性によって実現されるものではなく、教育機関の運営が社会教育にふさわしい民主主義によって担われることによってこそ実現される。主権者として学ぶ取り組みをすすめながら、私たち自身の教育理念をかたちにしていく住民自治によってこそ、社会教育の自由を実現させていくことができる。言いかえれば、公選制教育委員会がもっていた役割を担える運営組織を教育機関ごとに形成していくことによって実現される。社会教育の自由をささえる民主主義のかたちは、自治的な公民館運営審議会などの経験を蓄積している自治体から生まれてくるのであり、その場合には、社会教育の政治的中立性という観念は、現在とは異なったものになるはずである。

＊この解説は、2017年9月の日本社会教育学会第64回研究大会でのプロジェクト研究報告をもとにしている。

注

(1)片野親義『社会教育における出会いと学び—地域に生きる公民館入門』(ひとなる書房、2002年)92頁
(2)勝田守一「政治と文化と教育—教育学入門Ⅱ」『勝田守一著作集〈第六巻〉人間の科学としての教育学』(国土社、1973年)243頁
(3)勝田守一「能力と発達と学習—教育学入門Ⅰ」前掲書所収。
(4)荒井文昭『教育管理職人事と教育政治』(大月書店、2007年)

あらい・ふみあき＝首都大学東京教授

第 Ⅳ 章

社会教育施設の学びの自由を守るために

オール埼玉集会で、九条俳句訴訟の報告をする原告

1 公民館実践から学びの自由を考える

井口啓太郎

1　公共空間としての公民館

公民館は、市民の自由な学習活動を保障する場であり、公民館職員はその学習をさまざまな手段・方法を用いて援助・支援していく責務がある。そうした市民と職員による日々の協同の取り組みを通じて、地域市民同士の関係性や地域の課題解決に向けた活動が豊かになり、社会をよりよいものにしていく組織的な学びの総体が公民館実践であろう。こうした目的に向かって歩もうとすれば、様々な市民とともに公民館実践をつくっていくことの困難に公民館職員は向き合うことになる。多様な価値や規範を有している人々が共に学ぶのだから、意見の対立や葛藤は避けることができない。

公民館制度の発足に関わった当時の文部省社会教育課長・寺中作雄は、著書『公民館の建設』(1)において「相手の人格を尊び、相互の自由を認め、お互いが何のこだわりもなく述べたいところを述べ、聴くべき意見を取り上げるように習慣づけられることが必要である」と述べていた。しかし、いま市民が多様な意見を自由に発言・発信できる「公共空間としての公民館」は危機に直面していると言わざるを得ない。さいたま市だけではなく、私が働く多摩地域の公民館においても、立場や意見が異なる他者との対話を含んだ学習の場を、市民とともに豊かに創っている公民館は決して多くないだろう。

生活や暮らし、地域の諸問題は、常に政治的な対立も含んだ論争的問題を孕んでいる。公民館や行政への批判、政治への要望なども含め、自由に意見が交わされる場や関係を、公民館においてどうつくることができるだろうか。この問題を考える手掛かりとして、以下では私の公民館職員としての経験に基づいて、「公共空間としての公民館」とその事業のあり方を検討してみたい。

2　公民館事業における論争的問題の取り扱い

公民館には、世論を二分するような論争的問題をテーマに取り上げた講座等の企画を敬遠する傾向がひろく存在するものとみてよい。これは今日的な問題というよりも、「政治と教育の中間的存在」とも規定されてきた社会教育行政の基本問題とも関わるだろう。この公民館の主催事業における「政治的中立性」の問題をどう考えたらよいだろうか。

公民館の主催事業は公費で実施する以上、そこに一定の公共性が求められていると考えるべきだろう。たとえば、人がたくさん集まるからと、趣味的・嗜好的な内容ばかりになり、「カルチャーセンター化」するような傾向は、公民館の主催事業の企画方針として問題がある。趣味的な活動は、人の生きる喜び、共に活動する仲間との共感等を生み出す可能性をもつ学習文化活動の側面があり、公民館の主催事業の内容として一概に否定されるものではない。しかし、公民館の主催事業の企画においてより重視されなくてはならないのは、私事化された学習を共同の実践に拓き、地域の課題、社会の問題を学習・考察し、解決に向けた行動を促していく取り組みではないだろうか。個人の課題を地域の課題へ、わたしの学びからみんなの学びへと展開させていく視点と言ってもよい。

そうした学習のテーマは外発的に与えられるのではなく、市民が切実に訴える学習要求、地域特有の課題、今こそ学びたい時事問題など、公民館が存立する地域から内発的に設定されていくことが求められる。同時に、私たちの暮らしに関わるみんなの切実な課題は、論争的問題でもある。たとえば、「人口減少地域と持続可能なまちづくり」「貧困・格差と社会的包摂」「憲法改正と日米安全保障」……。枚挙に暇がない地域課題や社会問題には、すべてに多様な意見があり、誰もが主体的に考えていく必要がある。

しかし、公民館がどのような切り口で講座テーマを設定し、どんな考えを持つ講師や助言者を招くべきか、少なくない職員がそこで立ち止まってしまう。「政治的中立性」原則を形式的に受け止め、批判・反論を恐れ、論争的なテーマを避けようとする。こうした自己規制や思考停止は、市民の自由な学びの機会を失わせることにつながっていく。

3　「政治的中立性」をどう考えるか

この「政治的中立性」問題を考えるために、まず公民館職員の立場について考える必要がある。社会教育学者・宮原誠一は、「公民館と政治的中立」(2)を論じるなかで、原則の一つとして職員は「憲法と教育基本法を守り、民主主義に反するものと闘っていかなければならない立場」だと説明する。そのうえで「論争的問題にはふれないという消極的中立ではなく、論争的問題をすすんでとりあげ、すべてのことを自由に調べあい、自由に論じあう積極的中立こそが公的社会教育の大道」だとする。

こうした基本的立場をもとに、社会教育指導員として講座の企画・運営をしてきた経験をもつ越村康英は、上記の論点に関わって重要な問題提起を行っている(3)。越村は、「公正中立・不偏不党」や「中立性」の原則論が、「(教育委員会主催の講座で)地域的・社会的に争点となっている課題は学習課題に取り上げるべきではない」「〇〇さんの見方・考え方は偏っているから、講師に迎えるべきではない」といった圧力に易々と転化し、過剰な自己規制意識を生み出していることを指摘する。

そして講座づくりにあたって主に次の3点を提起する。それは第一に、まず市民が主体となり「何をどう学ぶのか」を決定していくような市民参画の講座づくりを進めていくこと。第二に、企画者は「客観性」「中立性」を追求するよりも、設定する学習課題と真摯に向き合い、あくまで企画者なりの見方・考え方を基に、参加者に課題提起するようなプログラムを構成すること。第三に、企画者・講師・参加者が対等な立場で、主体的・批判的に自分の見方・考え方を提示できるような雰囲気や機会をつくり、企画者や行政への批判・反論を価値あるものとして大切に扱うことである。

公民館における主催事業は、こうした考え方や具体的対応も参考にしながら、職員自身が講座づくりを見直していく必要がある。

4　市民参画を支える公民館職員の役割

越村は講座の企画・運営を念頭に論じているが、この議論を公民館実践論として引き受けるならば、私は公民館がもつ豊かな諸機能によって、地域で市民が自由に議論できる継続的な関係性や文化を育んでいく市民参画実践への発展を加えたい。たとえば、私が働く国立市公民館では、「学び考える市民の声」を公民館運営に反映させる以下のような仕組みがある。

国立市公民館から毎月発行される「くにたち公民館だより」（全戸配布）と「図書室月報」（約700部）は、公民館からのお知らせだけではなく、市民の学びと声が寄せられる学習メディアとして位置付いている。「くにたち公民館だより」は、「広報紙」であるとともに、講座参加者によるまとめや感想がほぼ毎号掲載され、年に数回は講師の講演が記録要旨にまとめられる。特に編集上意識されているのは、公民館事業等の広報記事の隣に、「学び考える市民の声」を配置するなど、学習機会の情報と学ぶ内容や意味をセットにして伝えていくことだ。もう一つの「図書室月報」とは、公民館図書室が発行する「ミニコミ」である。図書室を利用する市民自らが読んだ本の感想や書評を寄稿したり、公民館が主催する読書会、著者を招いたつどい事業などの参加レポートを掲載したり、読み手と書き手のコミュニケーションがより重視されているのが特徴である。

「くにたち公民館だより」には、8名の市民委員によって構成される「公民館だより編集研究委員会」を通じて、市民が紙面を事後的にチェックするとともに編集参加をする機会が設けられている。毎月開催される同委員会では、読み手の立場から各号の感想、誌面づくりの改善点などの紙面批評を行う。また、各委員は持ち回りで公民館や地域で活動するサークルを取材し、記事を執筆する「サークル訪問」コーナーを「くにたち公民館だより」に毎号連載している。

また、国立市公民館では、公民館運営審議会（公運審）が毎月定例会を開催し、委員15人が公民館の主催事業のあり方等を常に議論している。公運審が果たしている役割は館長・職員人事の意見・要望や時々の諮問検討など多岐にわたるが、近年は「公民館活動をふりかえる会」を企画・運営するなど、主催事業のあり方を市民と職員が同じテーブルで自由に議論する場を設けている（4）。

このようにさまざまな市民参画の仕組みをもち、みんなで考えあえるのが「公共空間としての公民館」であろう。人は自己の意見を形成し他者に伝え、他者の意見にも触れて自己の意見を再形成する過程で、その人格を確立していく。また、多様性を涵養し、寛容と平等を地域で実現していくために、他者を認めたうえでお互いが何を大切にしているのか、話してみる必要がある。公民館職員は、主催事業や場づくりを通じて自由な学びや議論、ひいては個人の人格形成や地域の民主主義を支えていく役割を担う。

私は、公民館職員は、人の人格形成や地域の民主主義に関わる自律的な教育専門職としての役割を担う以上、社会教育法上の社会教育主事資格を持つことが望ましいと考える。さらに、研修などを通じて持続的に力量形成に励み、また職員集団や市民との率直な議論のなかで研鑽しあわなければ、これまで論じてきたような役割は果たすことができないのではないだろうか。公民館における市民の自由な学びは、公民館職員がともに学び、考え続けることによって、支えられていくだろう。

注

（1）寺中作雄『公民館の建設 ―新しい町村の文化施設』（公民館協会、1946年）

（2）宮原誠一『青年期教育の創造』（国土社、1962年）

（3）越村康英「『私』がぶつかりあう講座論」『月刊社会教育』（2010年2月号）

（4）第30期国立市公民館運営審議会答申「国立市公民館の事業評価のあり方について」（2016年10月31日）

いぐち・けいたろう＝国立市公民館・社会教育主事

2 図書館の自由を守る

西河内靖泰

1 「図書館の自由」とは何か――図書館は「何のため」、「だれのため」にあるのか

(1)図書館が取るべき〝心構え〟とは

図書館は「人権保障機関」である。「情報権」という「権利」を保障するものとして存在する。人が「情報」を手に入れることは、本来誰にでも与えられている「権利」であり、「情報」を扱う機関で、その権利を保障するのが、図書館なのである。必要な「情報」が手に入れられない人は、多くの情報を手に入れている人たちから、「差別」されているのだ。「図書館における『差別』とは、図書館を利用することに障害のある人々に対し、その権利が充分に保障されていないことにある。知的自由(知る権利)を保障する図書館にとって、『差別』のただ一つの本質は、『情報からの阻害』である。」(1)。図書館の目的は、「情報弱者」の「情報格差」を埋めることにあるのである。

それを支える拠り所となる規範は、「図書館法」である。そして、さらに図書館界が自ら定めた『図書館の自由に関する宣言』(以下、『自由宣言』)『図書館員の倫理綱領』には、図書館・図書館員が尊重しなければならない基本原理が示されている(『自由宣言』の文章はキーワード解説を参照のこと)。「図書館の自由」というと、誤解されがちだが、「図書館が何でも自由にやってよい」という意味ではない。市民の「知る自由(知る権利)」を保障するために、図書館が守るべき「義務」というのが、「図書館の自由」の位置づけである。『自由宣言』は、図書館がその使命を果たすために、図書館が取るべき〝心構え〟について述べたものだ。ここで謳われている「図書館の自由」を守るとは、『自由宣言』をただ字面通りに何も考えずに守り続けることを意味しない。「図書館の自由」に関わる問題に直面したとき、それぞれの図書館で、自主的・主体的に責任をもって判断することなのだ。(でも「図書館の自由」という原則に立脚することが前提である。自分勝手な判断はできないことを忘れてはならない)。

(2)国民の知る自由(市民の知る権利)の保障

さて、「図書館の自由」とは、単なる理念ではなく、図書館がその役割・機能を担うための「手段」であるということを理解してほしい。その目的は、「国民の知る自由(市民の知る権利)」を保障することにある。その手段として『自由宣言』で掲げたのが、四つの原則なのだ。これを少し解説

すると、「知るための材料を収集する（＝資料収集の自由）」「収集した資料は提供する（＝資料提供の自由）」「だれが何にアクセスしたかは教えない（＝秘密厳守）」「知るための材料が入手できる環境を守り続ける（＝検閲反対）」ということになる。

図書館が「国民の知る自由（市民の知る権利）」を、図書館が保障するのはなぜだろうか。それは一言で言ってしまえば〝「図書館・図書館員」の義務だから!!〟である。

そのことは、「図書館・図書館員の義務」（平成17年7月14日最高裁判決）として確認されている。「図書館の自由」の原則は、図書館法では明記されていない。『自由宣言』は、図書館界として「自主的に」「宣言」したもの（『自由宣言』は図書館界の「倫理的規範」。だが「倫理的規範」というものは、法的なものより自ら決めたもののほうが重い（その仕事に身を置く限り自分を絶対的に拘束する）。法律上の明記はなかったが、図書館の問題に関する訴訟の最高裁判決で、図書館に対する公平・公正・平等性の要求については法的に確認された（2）。

「図書館の自由」では、市民の権利を保障するための公平・公正・平等の確保、いかなる個人・組織・団体からも干渉されない自主性の貫徹、図書館の方針決定や判断の過程・結果などの公開や透明性の確保、図書館や図書館員の恣意的判断や自己規制の排除（ただし、他の人権・権利との衝突の回避や刑罰・民事的制裁の回避を図ることが必要になる場合はある。例えば、プライバシー侵害や図書館が法的責任を問われる場合など、その場合でも範囲は限定されなければならず、無原則な拡大応用はしてはならない。）などの基本的なことを大切にしなければならない。

（3）図書館の資料は多様なもの

図書館界が『自由宣言』を定めた後も、「図書館の自由」に関する様々な問題が起きている。それは、図書館の役割・機能への誤解があるからだ。図書館の本当の役割が理解されていない。図書館とは、「人類の知的生産物を収集・整理・保存し、現在と未来の読者に提供するところ」であり、その知的生産物は、〝良いもの〟（誇りうるもの）、〝悪いもの〟（恥じるもの）を問わない。なぜなら、評価は時代によって変化し、資料がなくなってしまえば、事実を確認すべがなくなる。本は、多様で対立する考えを表現したもの（〝図書館が収集し提供する資料は多様でなければならない〟＝「一〇〇の正義には、一〇〇の（相対的な）正義の主張（資料）がある」のが、図書館の立場）である。

図書館は〝良書普及機関〟ではない。誤解を恐れずに言えば、〝悪書も置いて提供するのが図書館〟なのだ。かつては、マンガというジャンルそのものも〝悪書〟とされた。さらには、〝アンパンマン〟も〝ズッコケ〟も〝ゾロリ〟も〝悪書〟扱いされたのだった。これらの本は、〝図書館におくべきではない〟と公然に言う人たちもいた。どんな考え方の本も図書館員という立場では〝支持〟も〝否定〟もしない。仮に、〝図書館を非難し、自分たちの存在を否定するもの〟であったとしても、それは〝資料として同じ扱い〟をするのである。

2 千葉県船橋市西図書館蔵書廃棄事件（「船橋事件」）が問うたもの

(1) 事件の概要

ここで、最高裁判決が出るきっかけになった「千葉県船橋市西図書館蔵書廃棄事件」（「船橋事件」）について、触れておきたい。事件の概要は、以下の通りである。

千葉県船橋市西図書館で、2001年8月に「新しい歴史教科書をつくる会」の関係者たちの著書などの蔵書が多数、廃棄基準に該当しないにもかかわらず除籍・廃棄されたことが、翌2002年4月12日付けの産経新聞で報道された。その廃棄に関わったのが、図書館司書（それも児童サービスでは著名な）であったことが、図書館界に衝撃を与えた。市教育委員会は職員のヒヤリング調査を実施し、関係者の処分が行われた。廃棄された図書は、首謀者とされた司書と役職者など5人の寄付により弁償されたが、すでに入手困難な図書は、同じ著者の別の書籍を寄付した。

2002年5月14日、日本図書館協会図書館の自由に関する調査委員会関東地区小委員会（関東小委）は西図書館長と面談調査を行った(3)。市教委は、司書は「利用者から新しい歴史教科書をつくる会が作成した教科書についての問い合わせがあり、それを調べる目的で関係図書を集めたところまでは覚えている」「廃棄をした理由は説明できない」「思想的背景で図書を廃棄したことを否定した」としている。関東小委の非公式ヒヤリングでは正確な事実について確認できなかった。5月28日、図書館問題研究会（図問研）常任委員会が見解発表、事件を批判、事件の背景にある「良書主義」を指摘した。6月5日、日本図書館協会は、事件は自由宣言の思想に反すると、市図書館に再発防止・信頼回復措置を求め、自由宣言の普及に尽力するとのアピールを公表した。

2002年8月、「新しい歴史教科書をつくる会」とその関係者を中心とする著者らは、表現の自由を侵害されたとして、船橋市と当該職員を相手に提訴。東京地裁は、2003年9月に、廃棄の違法性を認定したものの、蔵書の管理は市の自由裁量とし、著者の権利を侵害したとは言えないとして、請求をすべて棄却した。原告は控訴したが、2004年3月、東京高裁は、一審同様、訴えを棄却した。2005年7月14日、最高裁は、蔵書の廃棄は、著者らの人格的利益を侵害する違法行為と認定（この部分については、最高裁判決が確定）、二審判決を破棄し、審理を同高裁に差し戻した。差戻し控訴審判決（2005年11月24日）で認定された賠償金額が低いとして、原告は上告するが棄却された。

（2）図問研自由委員会の見解

次に、「船橋事件」の問題点を、図問研自由委員会の見解（以下要旨）からたどってみる。

①「廃棄基準」に適合しない資料が多数廃棄されていた。図書館資料の廃棄ではミスでも責任を問われる。守れない「廃棄基準」ではどういう意味があるのか。②何らかの政治的・思想的意図があったとすれば、『自由宣言』に抵触する。司書や図書館界全体に対する信用失墜行為。裁判で認定された市調査の職員証言からは、政治的・思想的な意図が感じられる。その意図がないのなら、証拠を示し疑惑を晴らすべき。③意図がないとしても、廃棄リストからはその意図を疑われる不見識な行為。廃棄が疑いを持たれるという想像力が働かないということ。それは、図書館員の能力に問題があるのではないか。④事件の積極的な関与者として司書が疑われた（裁判では、首謀者・実行行為者として認定された）。にも関わらず、本人からの公式な説明はない。職員は、図書館界の公的な場で、説明責任を果たすのが、専門職としての義務ではなかったか。⑤組織としての管理体制がなっていない。図書館長は図書館としての業務に関して決裁をする立場にある。蔵書廃棄では、廃棄リストの事後決裁のみで事実上ノーチェック。図書館長が司書を信頼していたのだろうが、職責をまっとうしていたとはいえない。気の毒ではあるが、任せた相手が信頼に足る仕事をしなかったことでの、管理者の責任を問われても仕方がない。⑥船橋市の図書館は職員の司書の比率も大変低く、図書館長も司書の資格がない。専門家同士のチェック機能も働かず、教育機関としての館長の決裁権も実質的意味を持たない。行政側の責任も重い。図書館の現状は、館長自身には責任はない。専門職でない管理者が、実力も名も通った専門職の仕事をチェックすることは不可能。専門職の仕事のチェックには他の専門職は必要。少数の専門職で、かつ特定の人物に権限が集中し批判もできないでは、こうした事件が起きても不思議ではない。

（3）「船橋事件」の問題の本質とは

さて、それでは、図問研の見解を踏まえて、図書館サービスの観点から「船橋事件」のいったい何が問題であり、その本質がどうであったかをみてみたい。ここで、この事件を考えるためのポイントを三つあげておく。まず、〝図書館は、「だれのため」「何のために」あるのか〟、続いて、〝図書館の資料は、「何の目的のため」に「集められ・存在している」のか〟、そして、〝図書館員は、「何のために」存在し、「何をしなければならない」のか〟である。その観点で、この当時の船橋市の図書館サービスはどうだったかというと、疑問が出てきた。

最初に出てくる疑問は、「市民のための図書館」という視点が忘れられていたのではないかということである。〝子どもに良い本と〟いう考えは否定しないが、ここでは「良書の押し付け」という、子どもたちの主体性を認めない姿勢になっていなかったのか。船橋の図書館は児童サービスの評価が高い一方で、市民から〝子どもの関心・要望に応えていない〟のではとの疑問の声もあった。それまでの船橋の児童サービスが事件の背景にあったのではと、図問研の見解は指摘する。子どもの利用者も、主体性を持った市民なのである。それが忘れられていた。もしかすると、大人の市民も〝子ども〟でしかなかったのではないか。

続いての疑問は、「図書館資料」の意義が軽視されていたのではないかということである。当時の船橋の図書館の児童コーナーには、〝あって当たり前のものがない〟、〝なんでこんなのがたくさんあるの?〟と疑問のわく「図書館の棚」だという指摘がある。不思議な児童コーナーの蔵書だったという疑問が示されていた（そもそも偏りのあった「選書」では）。普通は、一冊でいい児童本が何十冊もある（児童文学作家本人の著作がたくさん蔵書にあり批判があった）。よその図書館では、普通にある児童書の人気のシリーズがなかったことなど）。

最後の疑問としては、ここでは「司書」が実は図書館の「専門家」として大切にされていなかったのではなかったのかと、その中で仕事をしてきたことで、専門性が歪められてしまったのではないかということである。専門性が歪められてしまったのではないかということである。

図書館員がその専門性を発揮する大切な仕事である。「選書」は、そのことに誇りを持つことは決して悪いことではない。だが、資料について、ある程度の価値判断は、図書館員である「自分」がするものではあるが、自分が絶対だと思ってはならない。資料の価値は、読者自身がするものだからだ。でも、ここでは市民には「自分が悪いものと判断したもの」は、「見せない」「知らせない」という姿勢があったのではないか。保存していた閉架書庫の資料を、わざわざ廃棄したのは何のためだったのだろう。船橋の図書館に一冊しかなく、市内在住で市の文化講演会の講師も務める著名な作家の本（普通の自治体の図書館なら、郷土資料として永年保存の資料のはず）も含まれていた。資料を（自分の）特定の立場から「価値判断」をしていたとしか理解できない。これらのことから感じられるのは、利用者・市民がないがしろにされていたということではないだろうか。

（4）「船橋事件」が問いかけるもの

さて、ここで、図書館の運営・管理の視点を踏まえて、「図書館の自由」の問題事例としての「船橋事件」が、私たちに問いかけているものを、まとめてみたい。

図問研自由委員会の見解は、単に一司書の「暴走」とすることなく、「船橋事件」の問題点として、船橋市の図書館の組織管理、職員管理の不十分さ・杜撰さを指摘した。「船橋事件」は、たしかに一人の司書の独善と暴走によって起こされたことは間違いない。その人物自身の問題が大きいだろう。だが、この事件が浮き彫りにしたものは、そうした暴走を防ぎえなかったばかりか、そうした人物を「一流の専門家」として評価し祭り上げて、仕事をまかせっきりにしてきた図書館の組織管理上の問題なのである。組織体としての運営・管理が、機能していなかったと思わざるを得ないのである。

そのことを、整理すると、以下にようになるだろう。まず、指摘されるのは、図書館で働く人（職員）の問題である。仕事は誰がするのか。個人でするのではない。住民（市民）のために組織として行う。図書館は、司書だけで担っているのではない。図書館はだれのためにあるのか。「市民のための図書館」という意識の低さや組織目標・モチベーションのない職員の存在が問題なのだ。続いて、図書館の管理者の問題があげられる。図書館の役割・使命・仕事を知らない図書館長の存在である。「知らない」ということは、他人を指導できないということ。知らないから船橋市では司書に任せた。でも、それは良心的なほうだろう（知らないのに勝手にやられるよりは）。「市民のための図書館」にしていくための組織目標を示せない、そのための評価もできない図書館長でいいのか。専門的な資格はなくても、こうした専門性を管理者は持たないといけないはずである。次に、指摘するのは、図書館の設置者の問題である。問題の司書は専門職として「司書」として船橋市に採用された。しかし、その後、市は「司書職」採用をしていない。事務職で司書資格保有者の異動や図書館で司書資格を取った人たちが同市の「司書」とされている（『日本の図書館』のデータより）。「司書職」を継続的に採用できないのなら、みんな事務職でも構わない。後輩たちのいない立場に置かれた状況が続くことで、専門職で採用された「司書」はどんな思いだっただろう。さらに、資格も能力もなかった図書館長（残念ながら、事件が起きてしまったことで、そう評価せざるを得ない）を配置したことをどうとらえるかである。「図書館長はだれでもできるか？」。この答えは、どんな図書館をめざし、つくろうとしているかで決まる。この事件では、図書館の在り様についてのヴィジョンをこの自治体が持っていないということが明らかになった。それは、自治体が、図書館行政を軽視してきたということに他ならないのである。最後に、言いにくいことではあるが、指摘しておかなければならない問題がある。それは、市民自身の問題である。

この司書と積極的に関わってきた市民は、この司書を「スター」のように持ち上げ、その人物の仕事に対し、適切な批判の眼をもたなかった。同時に、船橋市の図書館サービスへの積極的な批判を行って来なかった。事件が発覚したときの市民の反応はどうだったか。図書館や当該司書への批判などは及び腰であったとみえる。それは、批判が右派勢力からのものであったからだろうか。図書館や市役所、司書の自宅が右翼から街宣車攻撃を受けているときに、擁護も批判もせずに市民は「知らんぷり」だったのだ。

3 「図書館の自由」の担い手はだれか

「船橋事件」の問題点として浮き彫りになったのは、市の図書館の組織管理、職員管理の不十分さ・杜撰さであった。市の図書館は、組織体としての運営・管理が、機能していなかったのではないか。とくに、図書館で働く人（職員）の問題が大きかったのである。

そもそも、図書館は「だれのためのもの」なのだろうか。図書館は、図書館員のためにあるのではない。図書館の資料・情報を必要とする人たちのためにある。ならば、図書館にある資料や利用者に関する情報は、いったい「だれのものか」という問いの答えは、明らかである。図書館が収集し保存する資料、利用者情報などは、市民・利用者のものであり、決して図書館のものではない。図書館を利用し地域で支えてくれる市民が主体であり、彼らの求めに応えることが図書館の役割なのである。「図書館への信頼」は、図書館の資料や「読者・利用者」を「守る」ことによって得られていることを忘れてはいけない。図書館の自由を守る担い手とは、まさしく図書館員なのである。

注

（1）『最新 図書館用語大辞典』（柏書房、2004年）

（2）「公立図書館は、住民に対して思想、意見その他種々の情報を含む図書館資料を提供してその教養を高めること等を目的とする公的な場である。そして、公立図書館の図書館職員は公立図書館の役割を果たせるように、独断的な評価や個人的な好みにとらわれることなく、公正に図書館資料を取り扱う義務を負うべき」（千葉県船橋市西図書館蔵書廃棄事件損害賠償訴訟最高裁判決：平成17年7月14日）

（3）その報告は『図書館雑誌』（2002年10月号）に掲載。

にしごうち・やすひろ＝
公益社団法人日本図書館協会・図書館の自由委員会
委員長（前・広島女学院大学特任准教授）

キーワード解説

図書館の自由に関する宣言

西河内靖泰

日本の図書館界を代表する日本図書館協会が、図書館がその機能を果たすための基本的理念である「図書館の自由」という原則を示した宣言のこと。主文と副文よりなる。

1950年の朝鮮戦争の勃発後の日本国内での言論弾圧・統制がすすむなかで、先の大戦のもとで国家の「思想善導機関」として、その一翼を担ったことへの反省から日本図書館協会の『図書館雑誌』誌上や図書館大会で議論され、その中で1954年の第40回全国図書館大会のときに『図書館の自由に関する宣言』（以下、『自由宣言』）が採択された。

この時は、主文のみが採択され、宣言はしたものの、20年間は放置状態にあった。だが、1974年の山口県立図書館の蔵書抜き取り放置事件の発覚を契機に、日本図書館協会内に「図書館の自由に関する調査委員会」（現・図書館の自由委員会）が設置され、『自由宣言』の充実・強化のための討論などを経て、1979年の総会において改訂された。この時、副文付加とともに主文も一部改訂された。

＊＊＊＊＊

「図書館は、基本的人権のひとつとして知る自由をもつ国民に、資料と施設提供することを、もっとも重要な任務とする。／この任務を果たすため、図書館は次のことを確認し実践する。／第1　図書館は資料収集の自由を有する。／第2　図書館は資料提供の自由を有する。／第3　図書館は利用者の秘密を守る。／第4　図書館はすべての検閲に反対する。／図書館の自由が侵されるとき、われわれは団結して、あくまで自由を守る。」（『自由宣言』1979年改訂主文）

＊＊＊＊＊

『自由宣言』の副文は、「すべての国民は、いつでもその必要とする資料を入手し利用する権利を有する。この権利を社会的に保障することは、すなわち知る自由を保障することである。図書館は、まさにこのことに責任を負う機関である。」「図書館は、権力の介入または社会的圧力に左右されることなく、自らの責任にもとづき、図書館間の相互協力をふくむ図書館の総力をあげて、収集した資料と整備された施設を国民の利用に供するものである。」と述べる。

図書館は、様々な図書やその他の資料を収集して保存し人びとに提供する。「知る自由（知る権利）」は、民主主義を成り立たせるための重要な市民の基本人権である。図書館は、この権利を保障するために、無料で資料や情報を提供する「教育機関」であり「人権保障機関」である。誰もが必要とする資料・情報を手にすることができ、自由に活用できなければ、「知る自由（知る権利）」は実態的に保障されない。

『自由宣言』がうたう「図書館の自由」は、図書館が市民の知る自由（知る権利）を保障する立場を支える理念であり、図書館界として図書館活動に対する不当な干渉を排除し、団結して守り抜こうという決意表明なのである。

にしごうち・やすひろ＝公益社団法人日本図書館協会・図書館の自由委員会委員長（前・広島女学院大学特任准教授）

3 美術館における「表現の自由」

武居利史

1 美術館における表現規制の問題

近年、美術館で展示中の作品が改変を迫られたり、公開の中止が求められたりする出来事が続いている。これまでも美術館で「表現の自由」が問題になることはあった。有名なのは、1986年の「富山県立近代美術館（天皇コラージュ）事件」であろう。昭和天皇の図像を引用した大浦信行氏の版画作品《遠近を抱えて》が、県会議員や右翼団体の抗議によって非公開となり、秘密裏に作品が売却され、図録が焼却された事件である。同作をめぐっては、2009年にも沖縄県立博物館・美術館の「アトミック・サンシャインの中へ in沖縄」展で、開催直前に非公開となる事件も起きている。そこでは天皇という特定の主題が問題となったが、近年はその範囲が拡大している。

私も公立美術館の学芸員として規制の問題を経験している。2016年6月、府中市美術館の常設展特集「燃える東京・多摩―画家・新海覚雄の軌跡」を企画した際、事前広報を進めている段階で、市の上部から内容が「偏っている」と見直しが指示された。戦後の平和・労働運動に関わった画家の作品展示であり、地域にかつてあった米軍基地問題などに触れていたことから、展示の中立性が疑われるとされた。個人のSNSで発信したことをきっかけに世間の知るところとなり、展示は行われたが、広報やイベントに制約が加えられた。私自身は地方公務員で、上司の命令に従う義務がある。館長を含む学芸会議の了承を経て、上司の決裁も得て推進していた事業であるにも関わらず、出所不明の指示で覆されそうになった。こうした規制の実態は表面化しないだけで、さまざまな美術館で起きていることが想像される。私は看過できない問題と思い、求められれば発言してきた。

類似の問題は、各地で起きている。2017年4月、群馬県立近代美術館の企画展「群馬の美術2017」で公開予定の現代美術家・白川昌生氏の立体作品《群馬県朝鮮人強制連行追悼碑》が直前に撤去された。県立公園内に2004年に市民団体が設置したモニュメントを模した作品だったが、その設置許可の更新をめぐって県と市民団体が裁判で係争中であった。県庁職員の指摘を受け、「一方の主張を代弁する作品は展示できない」などの理由により、館長決定で撤去されたという。

また、2015年7月、東京都現代美術館の企画展「おとなもこどもも考える―ここはだれの場所?」では、現代美術家・会田誠氏の「檄　文部科学省に物申す」と書かれた垂れ幕など作品の一部が、開幕直後に撤去を要請された。美術館は観客からのクレーム、都庁からの要請を理由に挙げたが、作家がＳＮＳに経過を公表して抗議したため、展示は継続された。

社会的にも大きく注目されたのは、２０１４年２月、東京都美術館の「第７回現代日本彫刻作家展」での彫刻家・中垣克久氏の作品《時代（とき）の肖像―絶滅危惧種ｉｄｉｏｔ ＪＡＰＡＮＩＣＡ円墳》だろう。副館長から撤去を要求され、「靖国神社参拝の愚」「現政権の右傾化を阻止」などと書いた紙を作品からはがした。作家は納得がいかず、新聞に公表して抗議の意思を示した。公募展会場である同館では、たびたび同様の問題が起きている。

2　規制に対抗する動きと到達点

美術作品の保護や観客の安全上の配慮から、作品の公開に制限を加えることは、美術館として当然の措置といえる。だが、公立文化施設としての美術館は行政機関の一部であり、作品内容に踏み込んで規制を行うことは、憲法が保障する「表現の自由」や「個人の尊厳」などの観点から大きな疑義がある。表面化したのは、いずれも作家が強く抵抗した場合であり、要請を受け入れてしまった場合も少なくないだろう。美術館内部からの批判や告発も稀である。美術館に限らずではあるが、公権力の「自由」な裁量の拡大により、恣意的に「表現の自由」の範囲が狭められ、人々の「知る権利」が制限されていくことに対して不安を禁じ得ない。

こうした規制に対抗する動きもある。美術分野で「表現の自由」について取り組む団体に、美術評論家連盟がある。相次ぐ問題を受けて、２０１６年７月「表現の自由について」をウェブ上で発表、シンポジウム「美術と表現の自由」を東京都美術館講堂で開催した。このシンポジウムは、「富山県立近代美術館事件」に遡って各種の事例を検討したが、２０１４年８月の愛知県美術館での写真家・鷹野隆大氏の男性ヌード写真に警察の指導が入った例、２０１４年７月・12月に漫画家・ろくでなし子が女性器を模った作品で逮捕された例など、刑法１７５条（わいせつ物頒布等の罪）をめぐる問題も取り上げた。翌年には群馬県立近代美術館の問題で、「『群馬の美術２０１７』における白川昌生氏の出品取り消しについての抗議声明」を発表、知事と館長に説明責任を果たすよう求めた。個人加盟の組織であり、館長や学芸員も多く加入していることから、美術館内部の声も反映していると思われる。

他の動きとしては、２０１５年１月、ギャラリー古藤で「表現の不自由展～消されたものたち」も開かれている。美術館に限らず、民間のギャラリーや報道・出版も含む、多様な媒体で公開不可になった作品ばかりを集め、規制の現状を考えるイベントが行われた。また、会田作品が問題となった東京都現代美術館では、翌年２０１６年3月、「ＭＯＴアニュアル２０１６　キセイノセイキ」という若手作家による企画展が行われ、規制の存在を逆手にとり、その限界に挑戦する展示が試みられた。戦争や暴力、ヌードや死体など、美術館でタブー視される作品が集められたが、皇室を扱った作品など一部に展示できない作品もあり、規制に対する問いを社会に投げかけた。

そもそも美術館における「表現の自由」を争った裁判は多くない。その意味で１９９４年から２０００年まで続いた「富山県立近代美術館事件」は特筆される。作家は作品と図録を鑑賞してもらう権利を侵害され、市民も作品の特別観覧請求権と図録閲覧権が侵害されたことを理由に、損害賠償や作品の買い戻し、図録の再発行を求めて訴訟を起こした。しかし、控訴審の結果は敗訴であった。裁判所は、外部団体の執拗な抗議による「管理運営上の支障」があれば、美術館は特別観覧や図録閲覧も拒否できるとした。展示の規制が問われた裁判ではないが、「管理運営上の支障」があれば、美術館は自ら収集した作品を非公開、処分してよいという判断であり、司法が美術館の「自主規制」を容認したものといえる。

3　美術館の自由を確立するために

一般に美術館の展示には、作家が会場を借りて展示する場合と、美術館が自主的に企画して展示する場合がある。前者では、美術館が作家の「表現の自由」を尊重しなければならないし、後者では公権力に対する美術館の「自律」が求められる。地方自治法２４４条（公の施設）は住民の利用について「不当な差別的取扱いをしてはならない」とし、作家の自主的な発表に対して差別的取り扱いをしてはならないのは当然であろう。しかし、主に問題となるのは後者だといえる。美術館が自主的に判断した展示や収集について、事後的な外部圧力によって判断を変えることが起こりうるからである。

美術館は博物館法上、博物館の一種であり、博物館は社会教育法で社会教育機関とされる。社会教育法第23条（公民館の運営方針）は「特定の政党の利害に関する事業」を禁止しており、美術館でも展示の「中立性」がしばしば問題となる。だが、個々の作品が何らかの政治的主張をもっていたとして、その展示自体を「特定の政党の利害」に関わると考えるのは飛躍であろう。博物館法自体に「中立性」の規定はないが、「中立性」をいうなら教育基本法第16条（教育行政）の「教育は、不当な支配に服することなく」の規定こそ重要ではないだろうか。

博物館法において、公立博物館は教育委員会の所管とされる。しかし、1980年代以降に設立された博物館は、首長部局が所管し、登録制度に依らない館も少なくない。加えて2000年代以降、教育委員会の補助執行が可能となり、社会教育・生涯学習行政全般が、実質的に首長部局に移行している自治体も多い。教育委員会制度によって担保された公立博物館の独立性は、曖昧化しているのが実情だ。博物館も行政一般と同じ論理が適用され、職員自身も地方公務員法第36条（政治的行為の制限）に基づく「職員の政治的中立性」が求められる。職員の政治的行為が制限されるのはやむを得ないとしても、展示や収集という専門性に基づく活動に「政治的中立」が過度に求められる素地が作られている。

本来、美術館や博物館は、「学問の自由」を前提に、学術的な専門性によって自らを律していなければならないものだろう。かねてから美術館は、文化財保護法と密接な関連があり、新しい文化芸術基本法との関係からも、社会教育機関であると同時に文化芸術施設としての拡充が求められている。しかし、運営の現場では、「学習権」や「文化権」の保障という住民主体の発想より、住民を展覧会や教育普及活動というサービスの顧客としてとらえる傾向が強い。入館者数の増加、収益の向上も課題とされる。文化の多様性が喧伝されながらも、多数派の価値観を重視した事業に傾きがちである。美術館が規制へと動く背景には、政治的理由のほかに、市場原理に基づく民営化の動きや、成果主義の浸透もあると思う。

2017年5月、386館が加盟する全国美術館会議は、第66回総会で「美術館の原則と美術館関係者の行動指針」を採択した。この文書は「美術館が担う社会的な使命を実践するために望ましい美術館のあり方と美術館に携わる者が取るべき行動指針を示し、内外に広く美術館への理解を図ることを目的」としたもので、5年の検討を経て決定に至った。2004年改訂の国際博物館会議（ICOM）「職業倫理規程」と2012年の日本博物館協会「博物館の原則と博物館関係者の行動規範」を踏まえ、「美術館は、倫理規範と専門的基準とによって自らを律しつつ、人々の表現の自由、知る自由を保障し支えるために、活動の自由を持つ」という「自由」に関する独自の規定を盛り込んだ。美術館関係者がこうした文書を自主的に制定したことの意義は大きく、現状を改善するうえで力となることが期待される。

たけい・としふみ＝府中市美術館学芸員

4 学校教育における「まなびの自由」を考える

前島英男

はじめに

三橋公民館で九条俳句が掲載拒否をされたことを知り、気になったことがあった。それはこの事案に関わったのが、教育現場から出向中の現職教師であるという事。「そうか、やるかもしれないな」と、妙に納得してしまったことを覚えている。「忖度」という言葉が、その後流行したが、その先取りをする行いであったのではないかと今は思っている。全国的傾向であると思うが、私のいたさいたま市の学校でも教職員の自主性や創造性がどんどん制限され、「自由にものが言いにくい雰囲気」「上を気にして、言われることには忠実な管理職と教職員の増加」等が顕著になってきている。

1　職員会議で丁寧に論議した時代

私が教員になりたての頃は、職員会議も議論が活発であった。もちろん「日の丸・君が代」の問題もあったが、「名札の着用の徹底」「ヘルメットの導入」「研修テーマ」など、子どもたちに関わることや教職員の働き方なども、かなり時間をかけて丁寧に論議した記憶がある。

「日の丸・君が代」については、職員にアンケートを取り、資料をたくさん準備して何回も職員会議で論議した。ある年、論議をしていく中で若手の音楽主任が「今まで何も知らずに君が代を歌わせていたが、戦争で使われたことや世論を二分していることは初めて知った」ということを述べ、「式での伴奏は気持ちよく出来ない」と言い出した。その後音楽部全員が同調してしまった。最終的に校長が判断するのであるが、「私も戦争を知っているだけに皆さんと同じ気持ちだ。しかし、私の立場からは一切なしというわけにはいかない」ということで、君が代はテープで、日の丸は三脚で立てることに落ち着いた。

その学校は、指導困難な児童も多く苦労が絶えなかったが、教職員は仲が良く職場新聞が発行され、旅行や飲み会も盛んな自由で活気あふれる職場だった。

今の学校は研修テーマを決める時に、教育委員会が委嘱や指定をする研修をやるのが当たり前になってしまっているが、その学校では「子どもの身体と心」「子どもと掃除」など、目の前の児童の抱える課題を取り上げ教職員で話し合い研究した。

2　指導主事に対する過度な応対

50歳を過ぎたころから気になりだしたのが、研修などで来る教育委員会の指導主事に対する過度の接待である。私が若いころ、訪問してきた指導主事にお土産を持たせたり、昼食に寿司を取ったりということがあり、組合で抗議し辞めさせた経緯がある。

最近はそうしたことはないが、例えば研修会で呼んだ指導主事が入室する際に全員起立で出迎え、指導主事が着席した後に全員が着席する、（私は行かなかったが）終了後には全員でぞろぞろと玄関まで見送りをするといったことがみられる。

3　学級通信発行までの煩雑なプロセス

初任者の頃、学級通信を出したかったのだが、学年主任に「足並をそろえるためダメ」と言われていた。しかし、「子どもたちの日記や作文を親にも知らせたい」と管理職にかけあって、学級通信の発行を認めさせたこともあった。その後は若手が沢山いたので競争になり、「日刊」「日刊・夕刊」など出して見せあったものだ。

現在は出すことはタテマエ上自由であるが、出すまでのプロセスを考えると面倒になってしまう。まず原稿を教務主任に出し検閲を受け、教頭・校長に検閲を受ける。その間に赤字の添削がかなり入る場合もあり、下手をすると2週間くらいかかることもあった。このようなやり取りが嫌で出さない人が増えてしまった。

私は退職の年まで毎年出し続けてきたが、教室の出来事などをなるべく早く保護者に知らせたいので、毎回管理職にも発行後見せるなどして意思疎通を図っていた。

4　内容が問われる初任者研修

教職員の研修にも問題が多い。浦和・大宮・与野が合併してさいたま市が出来た初めての初任者研修は、今でも語り継がれるほどのひどい内容であった。

その当時の実例を紹介すると、

①林間学校に児童を引率していた初任教師が、途中、研修のためさいたま市に出向き、とんぼ返りで林間学校に戻ったが、その時の研修内容は土手で紙飛行機を飛ばすことであった。職場の同僚が「行かなくてもいいのでは」と校長に訴えてくれたが、市教委からは「出席せよ」との回答だった。

②当時は2回の宿泊研修があり、初任教師にかなりの重荷になっていた。参加者に配られた要項には、およそ、大

人に対して書かれているとは思えない、次のような記述があった。「往復のサービスエリアでの買い食いは禁止」「水筒の中身は水とする」。

その他、野外活動の後、次の講座が始まるまで時間がなく、体育着からスーツに着替えるために、駆け足で汗だくになって行動したそうだ。

この時、組合は1年間の研修を終えた初任者にアンケートを取り、市教委と交渉を行った。「初任者を一人の大人として見ているのか」「講義中疲れていて居眠りをした人を残し『仮採用中はいつでも解雇できる』と恫喝する指導主事がいる」等、切実な声を伝え改善を迫った。

その後、宿泊研修は1回になり、ついにはなくなった。その他の問題も、市教委は謝罪し改善したが、現在も基本的な姿勢は変わっていない。

5　さいたま市における「道徳」教科書の選定

「学びの自由」という点では、今年 4月から「特別教科」となった、道徳の教科書のさいたま市における選定の問題は看過することができない重大な問題だ。

教科書の採択については、従来、各学校からの「調査研究」という名の投票と、市のＰＴＡ連合会や校長会代表などによる「選定委員会」の推薦状況を受けて、教育委員会が採択することになっていた。

今回、市教委が選んだのは「教育出版」の教科書であった。「選定委員会」が選ぶ3社の推薦には入っていなかった。また、「学校の調査研究」でも第3位であり2割ほどの支持であった。これは、従来の選定からは考えられない全く異例の事態であり、私たちも虚を突かれた感があった。

採択された「教育出版」の教科書については例えば以下のような問題点が指摘されている。

＊＊＊＊＊

①「国旗・国歌」の扱いが他社と比べて異常に大きく、「君が代」の歌詞の説明が「日本の平和が長く続くようにとの願い」と虚偽の説明をし、君が代斉唱の時の規律・礼の行動まで写真付きで指示している。

②8社の中で唯一安倍首相の写真を掲載している。また、育鵬社教科書を採択している東大阪市長も写真で登場している。

③1・2年生で「正しいあいさつのしかた」を並べ、「どれが正しいおじぎのしかたか」等、戦前の修身と同じようなおじぎをさせる「しつけ・礼儀」の教材が多く取り入れられている。このように、子どもたちを型にはめる規制・強制が何回も登場する。

④何よりも、育鵬社（1）の教科書を作り、採択活動を行ってきた日本教育再生機構の道徳教育の中心メン

バーが教育出版の監修・編集執筆者に名を連ねている。

こうした、現場の教職員や校長会・ＰＴＡ連合会などの声や従来のやり方を無視し、好き放題のことをする姿勢は、国会での多数を頼みに強権政治を推し進める安倍内閣と共通するのではないだろうか。

＊＊＊＊＊

おわりに──「おかしい」ことを「おかしい」と当たり前に言える社会へ

最後に、私自身の反省も含めて指摘したいことがある。それは、「教師の人権感覚」の問題だ。正しくは「日本人の人権感覚」と言った方がよいのかもしれない。

「カロウシ（過労死）」「いじめ自殺」「震災被害者へのいじめ」「パワハラ・セクハラ」など、毎日のようにそのような事例が登場してくるが、国民の受け止め方は冷めている。政治家のひどい発言や行動に対しても同様だ。沖縄での米軍機からの落下物の問題で「ねつ造」「いやなら引っ越せ」などの発言がされても、マスコミはたいして問題にもしない。

私は労働組合で10年以上「労働相談」をしているが、「社長に意見を言ったら解雇」「肉体関係を迫られ断ったら解雇」などの考えられない相談が次々と出てくる。勇気を出して相談に来る人はごく稀で、ほとんどが泣き寝入りである。しかも、思い悩んで告発しても職場の他の人から「うるさい人」「権利ばかり主張する人」と言われてしまう場合すらある。

学校現場でも、「静かに言われたことを黙々とこなす。みんなと違うことや行動は控える」という風潮が広がっている。それは保護者や子どもたちも、いや日本中がマスコミも含めて同様の傾向にあるのではないだろうか。

「おかしい」ことを「おかしい」と当たり前に言える社会を作らない限り、弱者が切り捨てられ、「一部の者が権力を笠に着て好き勝手なことをする」ことが横行し続けるのではないか。今回の九条俳句の訴訟に当たり決意された原告の行動が、日本のそうした風潮に一石を投じる事になれば幸いだ。そうした一つひとつの積み重ねが民主主義を育てていくのではないか。

注

（1）育鵬社は、扶桑社・自由社と共に、「自虐史観」「反日史観」等と他社教科書を攻撃し、日本国憲法を敵視し、日本の過去の戦争を正当化する「戦争肯定」の教科書。この教科書を全国に広めようと、安倍首相を先頭に改憲右翼団体「日本会議」が採択運動を展開している。

まえじま・ひでお＝元・さいたま市教職員組合委員長

5 自治体公務員論から見えること

池上洋通

地方自治体に働く職員・地方公務員が立つべき原則から「九条俳句事件」を考える——これがこの小論の目的である。

1　日本国憲法の国家像と政府機構、公務員像の確認

日本国憲法は、国民主権の原則の上に、二つの基本目的を持つ国家像を立てた。その目的とは、「戦力を持たないことと交戦権を拒否することによる恒久平和の実現」と「すべての個人に対する基本的人権の保障」である。

そしてその具体化を任務とする政府機構として、中央政府（三権を分立的に担当する国会・内閣・裁判所）と、それと対等的に並ぶ地方自治体（市町村・都道府県）の政府を置いた。両者の対等性は、いずれも憲法の「章」によって規定されていることからも明らかであり、地方自治体の政府が、中央政府との関係において、住民自治を基礎に自主的運営を行うこと（団体自治）も憲法上の規定である。

そこで確認しておくべきは、「恒久平和の実現」と「人権の保障」という二つの基本任務は固く結びついており、平和がなければ人権保障もなく、人権の保障がなければ平和とはいえない、という関係にあることだ。そしていずれの任務も、中央政府と地方自治体政府が対等に担うべき基本的政策課題だ、ということである。それをいま、あざやかに示す例として、沖縄県と中央政府との関係がある。

では次に、それらの政府を担う公務員像は、憲法上どのように規定されているかを、二つの条文で見よう。

●第15条「①公務員を選定し、及びこれを罷免することは、国民固有の権利である。②すべて公務員は、全体の奉仕者であつて、一部の奉仕者ではない。［以下略］」

国民の権利を規定した第3章におかれるこの条項は、すべての公務員が国民主権の下にあることを示している。

●第99条「天皇又は摂政及び国務大臣、国会議員、裁判官その他の公務員は、この憲法を尊重し擁護する義務を負ふ。」

憲法の最高法規性を規定する第10章に定めるこの条文は、公務における憲法遵守と擁護についての命令的文書であり、立憲主義のカナメとなる規定である。

2　地方自治体政府の存在と具体的な任務の展開

日本国憲法が、中央政府とならぶ地方自治体の政府を規

定した理由は、次の二つである。

(1) 明治憲法下での深刻な経験

第一は、中央政府の誤りをただす任務である。これには大日本帝国憲法（以下では、明治憲法）下における政治的経験についての深刻な反省である。

明治憲法は「天皇による統治」を明記していたが、中央政府について選挙による議会制度を定め、三権分立の形式を持つ立憲主義的形式を備えていた。だが、地方自治についての憲法規定はなく、地方の制度的形式はあったが、その本質は中央政府の支配する行政機関であった。

そして中央政府における三権分立は、本来、各権力機関が相互にけん制し合って誤りをただす目的を持つが、15年間にわたるアジア・太平洋戦争の下で軍部支配を許し、最終的に無力でしかなかった。日本の歴史上最大の悲劇を生んだこの経験が、中央政府の三権分立の重要性をあらためて認識させると共に、地方自治の持つ基本的意義――中央政府の誤りをただす役割を浮かび上がらせたのである。

(2) 個人に対する人権の保障

第二の理由は「基本的人権の保障」についてである。憲法は、政府の人権保障義務について次のように定める。

●第13条「すべて国民は、個人として尊重される。生命、自由及び幸福追求に対する国民の権利については、公共の福祉に反しない限り、立法その他の国政の上で、最大の尊重を必要とする。」

この国の政治において、最も尊重しなければならないのは国民の権利である。政治は国民に権利を保障するために存在する、ということだ。

そこで注目すべきことがある。それは、憲法第13条が、すべての国民について「個人としての尊重」をうたっていることだ。ということは、あらゆる人権を、個人の生活に即して保障し具体化する、ということにほかならない。生命の権利も自由も幸福追求も、個々人の人格・個性の形、自己実現として姿をあらわすのである。

すると、ここでいう権利保障に決定的なことは、個人としての主権者に向き合う基礎的自治体・市町村とその政府の存在である。市町村政府の個々の住民生活を基礎にした政策決定と財源配分を最重視する――「市町村最優先・都道府県優先の原則」がこれである。

主権者の日常生活により近い政府を重視することから「近接性の原則」ともいうこの制度的構想は、じつは、日本国憲法のもとで1950年代の初めに組み立てられ、地方交付税制度などとして引き継がれてきた。

3　地方公務員の職務の基準と中立性、そして生きがい

では、こうしたことをふまえて、地方公務員の職務に何が求められるのか。それを端的に示すものに、憲法に基づく法律と条例が定める地方公務員の「服務規定」がある。

（1）法律と条例が定めていること

まず、法律が定める内容を見ることにしよう。

地方公務員法　第3章　第6節「服務」

●第30条（服務の根本基準）「すべて職員は、全体の奉仕者として公共の利益のために勤務し、且つ、職務の遂行に当つては、全力を挙げてこれに専念しなければならない。」

●第31条（服務の宣誓）「職員は、条例の定めるところにより、服務の宣誓をしなければならない。」

この法律の規定に基づいて、すべての地方自治体政府が、職員の服務の宣誓についての条例・規程を定めている。さいたま市の条例を見ると、次のとおりだ。

さいたま市職員の服務の宣誓に関する条例

●第2条（職員の服務の宣誓）「新たに職員となった者は、任命権者に対し、別記様式による宣誓書に署名した宣誓書を提出しなければならない。」

●別記様式「宣誓書　私は、ここに日本国憲法を尊重し、かつ、擁護することを固く誓います。私は、地方自治の本旨を体するとともに、公務を民主的かつ能率的に運営すべき責務を深く自覚し、全体の奉仕者として誠実かつ公正に職務を執行することを固く誓います。」

この宣誓をしなければ、職務に就くことはできない。内容は、これまで記した憲法規定と、地方公務員法を踏まえたものだが、項目的に書き出すと、次のようである。

①日本国憲法を尊重し擁護すること
②憲法第92条の「地方自治の本旨」（住民自治・団体自治の方法で、憲法の人権保障を具体化する）の日常化
③公務を民主的・能率的に運営すること（1）
④全体の奉仕者として、誠実・公正に職務を行うこと

（2）公務労働の中立性とは何か

地方公務員の服務の原則を示したところで、「公務労働の中立性」についてふれることにする。結論的には、右に上げた「宣誓」の立場に立つことが中立的なのであり、それ以外の「中立」はない。いいかえると、憲法とそれに基づく自治体法制を含む法を遵守することが、公務労働における「中立」なのである。初めに記したような、国民主権を基本に憲法を制定した立憲主義の国家において、公務員が憲法にそむく職務を行うことはできるはずもない。

また例え、憲法改正についての議論が活発に行われる状態があったとしても、主権者市民における議論の自由は保障しつつ、職務としての公務労働は現行憲法とそれに基づく法体系に従うのである。そしてもし、憲法改正が行われるなら、新たな憲法に従って公務労働が行われる――これが立憲主義の上に立つ公務である。明治憲法体制から日本国憲法体制への転換もそのようにして行われたのだ。

（3）地方公務員の生きがいと歴史的任務

ここで地方公務員の生きがいについて述べておくことにしたい。これも結論めいたことからいうと、日本の地方公務員は、明治憲法の時代との比較で、いま、格段の生きがいを感じることができる条件の下にあるといって良い。その職務において、恒久平和の実現とすべての個人への基本的人権の保障を具体化することが基本だからである。

その前提には、公務員を含む数えきれない人々の努力があった。日本国憲法の下での地方公務員は、そのバトンを受け継ぎ、さらに前進させる者でなければならない。

4　公務の基本原則を放棄した「九条俳句事件」

このように見ると、「九条俳句事件」は、二重・三重の意味で公務労働の原則にそむき、基準とすべき規範から逸脱した者による深刻な過ちというほかはなく、それを擁護しようとする教育委員会あるいは首長部局、果ては議会の一部などの意図が全く理解できない。

憲法を擁護すべき公務員が「憲法を護る」という立場の俳句を排除しようとしたのも全く不思議なことだが、個々人に保障すべき基本的人権の根幹である思想・表現の自由を市民から奪い、公務を停滞させて能率性を落とし、特定の個人を攻撃して「全体の奉仕者」としての立場を投げ捨てる――。

先に見た「宣誓」の原則のすべてを放棄したこの事態に、憲法の定める公務員原則を護るためにも、市民の立場から訴訟を起こすのは当然であり、その勝利を実現することは、市民の主権者的義務ともいうべきことである。

注

（1）地方自治法・第1条「この法律は、地方自治の本旨に基づいて…地方公共団体における民主的にして能率的な行政の確保を図るとともに、地方公共団体の健全な発達を保障することを目的とする。」

いけがみ・ひろみち＝
自治体問題研究所理事、日本社会教育学会会員

キーワード解説
集会の自由と公民館

谷　和明

集会施設でもある公民館

公民館事業を例示した社会教育法第22条は、最後に「その施設を住民の集会その他の公共的利用に供すること」を明記している。集会施設としての役割である。公民館は公的集会施設の代名詞的存在となっている。もちろん公民館は社会教育施設であって、単なる集会施設ではない。とはいえ、両者は決して矛盾・相反する関係ではない。集会は本質的に相互教育＝共同学習を内包する集団活動として、公民館での社会教育実践の基盤となっている。その意味で、公民館は集会施設でもある社会教育施設であり、前者は副次的、周辺的課題ではない。それゆえに、集会施設の最高規律としての「集会の自由」を、社会教育施設であることを理由に制限することがあってはならない。

集会の自由と民主主義

集会とは多数人が特定の場所で目的的かつ一時的に集合する活動である。数名の茶飲み話の集いから百万人集会に至るまで、規模、目的、内容、形態は実に多様であり、デモ行進も「動く集会」とみなされる。それらの開催、参加、活動内容を公権力に制限、強制されない権利が、集会の自由である。それは憲法第21条に「集会、結社及び言論、出版その他一切の表現の自由は、これを保障する」と明記された基本的人権である。

集会の自由は表現の自由を構成する重要な権利である。表現の自由は、個人の人格形成という「自己実現の価値」、主権者としての政治参加という「自己統治の価値」ゆえに、民主主義存立の基盤的権利として「優越的地位」をもつ人権だとされる。集会とは参加者の自己実現と自己統治が交流、共助、共同学習、合意形成、集団的表現を通じて現実化する場であり、特別な表現機会のない市民にとって貴重な表現機会でもある。判例でも、集会の自由は「民主主義社会における重要な基本的人権として特に尊重されなければならない」（最高裁大法廷平成4年7月1日判決）とされている。

政治集会の制限

「言論著作印行集会及結社ノ自由」は大日本帝国憲法第29条でも認められたが、「法律ノ範囲内」に限定されていた。集会の自由は「集会及政社法」、それを継承した「治安警察法」により規制された。その要点は①政治集会と屋外集会の警察への届出を義務付け、②警官が臨監して「安寧秩序」を乱す恐れがある場合に発言禁止、退去、解散を命令できるようにしたことである。臣民の政治活動を安寧秩序紊乱要因ととらえ、政治集会の自由を奪ったのである。

これに対し、戦後日本では国民の政治活動こそが民主社会の基盤だという観点から、集会や表現の自由に優越的地位が与えられた。公共の福祉を理由に制限する場合にもその合憲性が他の人権よりも特に厳しい基準、すなわち①事前抑制禁止の理論、②明確性の理論、③「明白かつ現在の危険」の基準、④「より制限的でない他の選びうる手段」の基準で審査されるという法理が発展、定着している。

にもかかわらず、逆コース時代に多くの自治体が制定した「公安条例」は屋外集会や示威行動を警察への届出・許可制としており、道路交通法とあいまって政治的集会の不当制限に使われている。屋内集会に関しては、公的集会施設の利用手続きが集会の届出・許可制度として機能することにより、政治的な集会の不当制限がおこなわれている。

公の施設と集会の自由

集会には物理的空間が不可欠であり、会場の利用可能性は集会の自由の実質的条件である。それを保障する重要な役割を果たすのが、市町村によって整備されてきた公民館など公的集会施設である。ただし、集会の自由は自由権、すなわち公権力の介入を否定する権利であり、実質的条件までを保障するものではない。だから、憲法第21条を根拠に集会施設の設置や庁舎会議室の開放を請求するのは無理である。けれども、既存の集会施設の利用に関しては集会の自由に基づく請求権があり、不当な利用制限は21条違反となる。

その法的根拠が地方自治法第２４４条の「公の施設」規定である。同条はそれを地方自治体が設置した「住民の福祉を増進する目的をもつてその利用に供するための施設」と定義し、利用に際しての①正当な理由のない拒否、および②不当な差別的取扱いを禁じている。集会施設の場合、この正当、不当を判定する最高原則が集会の自由となる。こうして憲法第21条が、地方自治法第２４４条を介して公的集会施設での集会に適用されるのである。

利用申請を許可するか否かは、集会施設の管理事務として、設置・管理条例に従って決定される。条例（あるいは関連規則）には不許可とする条件を列挙した条項があり、それを根拠に可否が判定される。だがそれは当然、上位法たる地方自治法第２４４条の禁止規定、さらに憲法第21条に反してはならない。

ところが、大部分の公的集会施設の不許可条項は、〈公の秩序および善良な風俗を乱すおそれ〉、〈設置目的に反する場合〉、〈その他管理上の支障〉、〈その他許可権者が不適切と判断した場合〉といった明確性を欠き、厳格な審査基準に耐えない条件で構成されている。以上のような条件を根拠にして政治的集会を不許可とすることが違憲、違法であることは、過去の判例からも明白である。にもかかわらず、現在もそれが繰り返されている。公民館の場合にはさらに社会教育法第20条の目的や第23条の禁止行為が条件に付加され、それを不当に拡大解釈して政党、政治団体、政治活動の利用禁止を利用案内に明記しているところが多い。

集会の自由の実質的条件を保障する公民館などがその自由を制限するのは致命的な矛盾だといえる。改めて注目したいのは、冒頭の条文が「住民の集会」の目的、内容に関していかなる制約条件も付していないことである。施設の職員や管理者は、目的、内容の適否の検討が集会の自由侵害につながる危険を常に自覚すべきである。市民にも、政治色の強さや偏りを理由にした法的根拠のない恣意的で不当な集会制限を容認しない勇気が必要とされよう。最後に、憲法第21条が第26条と共に公民館の基本原則であることを確認しておきたい。

参考文献

（1）芦部信喜『憲法〈第5版〉』（岩波書店、２０１４年）
（2）徳村　蒸『公民館の紛争を考える』（近代文芸社、２００４年）

たに・かずあき＝東京外国語大学名誉教授

第 V 章　資料編

判決文、弁護団声明、九条俳句市民応援団声明

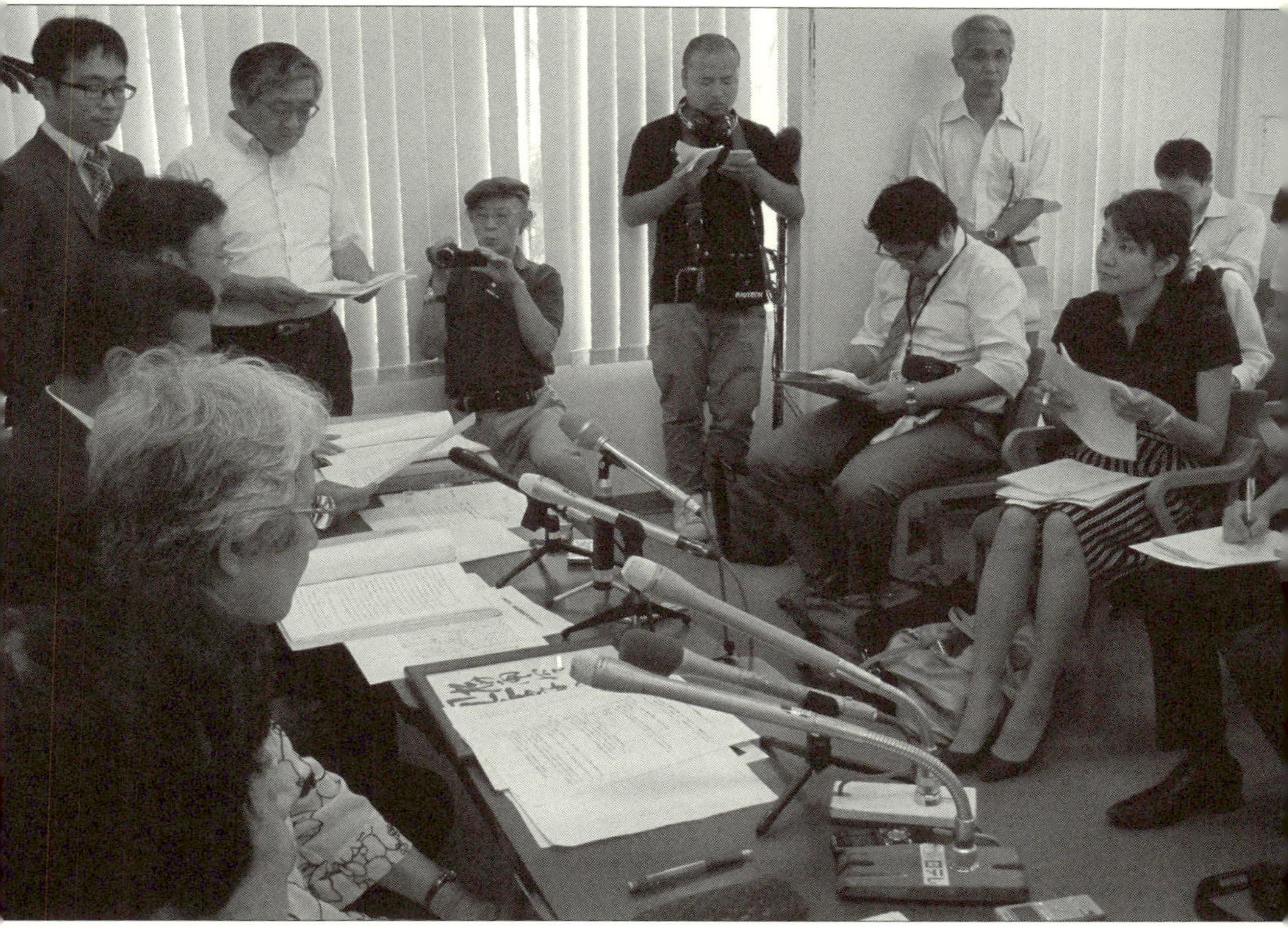

さいたま地裁への提訴時記者会見

判決文（全文）

九条俳句不掲載損害賠償等請求事件

さいたま地方裁判所平成27（ワ）第1378号

平成29年10月13日判決

口頭弁論終結日　平成29年7月28日

＊本資料「判決文（全文）」は、『裁判所』ウェブサイト（http://www.courts.go.jp/）の「裁判例情報」で公開されている判決文の原文である。横書きの形式のまま119ページより掲載する。

主　　　　　　　　　　文

1　被告は，原告に対し，５万円及びこれに対する平成２６年７月１日から支払済みまで年５分の割合による金員を支払え。

2　原告のその余の請求をいずれも棄却する。

3　訴訟費用は，これを７０分し，その１を被告の負担とし，その余を原告の負担とする。

4　この判決は第１項に限り仮に執行することができる。

事　　実　　及　　び　　理　　由

第１　請求

1　被告は，原告に対し，さいたま市立三橋公民館（以下「三橋公民館」という。）が発行する三橋公民館だより（以下「本件たより」という。）に，別紙俳句目録１記載の文章（以下「本件俳句」という。）を同目録２記載の体裁で掲載せよ。

2　被告は，原告に対し，２００万円及びこれに対する平成２６年７月１日から支払済みまで年５分の割合による金員を支払え。

第２　事案の概要

1　本件は，原告が被告（さいたま市）に対し，①かたばみ三橋俳句会（以下「本件句会」という。）と三橋公民館は，本件句会が三橋公民館に提出した俳句を同公民館が発行する公民館だより（本件たより）に掲載する合意をしたと主張し，同合意に基づき，原告が詠んだ俳句（本件俳句）を本件たよりに掲載することを求めるとともに，②三橋公民館（その職員ら）が，本件俳句を本件たよりに掲載しなかったことにより精神的苦痛を受けたと主張し，国家賠償法１条１項に基づき，慰謝料２００万円及びこれに対する本件俳句が掲載されなかった本件たよりの発行日である平成２６年７月１日から支払済みまで民法所定年５分の割合による遅延損害金の支払を求める事案である。

2　前提事実（当事者間に争いのない事実，掲記の証拠及び弁論の全趣旨により

容易に認められる事実）

(1)　当事者等

ア　原告（昭和１５年９月２８日生）は，さいたま市ａ区に居住し，平成１６年に本件句会に入会した者である（原告本人・２頁，弁論の全趣旨）。

イ　被告は，地方公共団体（さいたま市）である（弁論の全趣旨）。

ウ　三橋公民館は，さいたま市ａ区に所在し，平成２２年当時の館長はＡ，主幹はＢ，平成２６年当時の館長はＣ，主幹はＤであった（乙７，８，Ｃ・１頁）。

三橋公民館は，さいたま市立桜木公民館（以下「桜木公民館」という。）を拠点公民館とする地区公民館であり，桜木公民館の館長は，平成２６年当時，Ｅであった（乙９）。

三橋公民館の館長は非常勤の職員であり，主幹は常勤の職員である（Ｂ・２頁）。

主幹の主な職務は，公民館が主催する講座の計画や運営，公民館だより（本件たより）の作成及び接客等である（Ｂ・２頁）。

エ　本件句会は，三橋地区周辺の住民約２０名が平成１０年ころに立ち上げた俳句サークルである（甲２５）。

本件句会の主たる活動内容は，会員が詠んだ俳句を２句ずつ持ち寄り，俳人であり，かつ，本件句会を含む多数の俳句会で構成される，かたばみ俳句会の主宰であるＦ（以下「Ｆ主宰」という。）から各俳句に対する論評をもらうというものであり，三橋公民館において，毎月第４火曜日の午後１時３０分から午後４時まで行われている（甲２４，２５）。

本件句会は，平成１８年４月，本件句会の申合わせを作成したところ，同申合せの内容は，代表は，本件句会の会員の話合いにより決定し，会費は，月額１０００円程度を年３回程度に分けて集金するといったものであり，同申合わせは，作成された当初から現在に至るまで，本件句会の進行の方法が，本件句会の会員は，全員の俳句が集まったところで，無分別に短冊を参加者全員に２枚ずつ配布し，これを席次番号のある清書用紙に記入するというものから，全ての句を手分けして１つの句稿を作り，会員に配布するというものに変更された以外は変更されていない（甲１４，原告本人・２９，３０頁，弁論の全趣旨）。

Ｇは，平成２２年１０月当時，本件句会の代表であったが，体調を崩したため，Ｈが，平成２６年６月ころまでに，本件句会の代表代行を務めることとなった（甲２５，弁論の全趣旨）。

(2)　本件たよりの発行

ア　三橋公民館は，毎月１日，本件たよりを発行しており，三橋公民館の主幹であったＢは，平成２５年３月まで，桜木公民館長の決裁を受けることなく，三橋公民館の職員にゲラを回覧した上，本件たよりを作成してきた（甲１の１ないし５６，Ｂ・３，９，１６頁）。

イ　Ｄは，平成２５年４月，Ｂの後任として三橋公民館の主幹となったところ，同月以降のいずれかの時期から，三橋公民館の職員にゲラを回覧した上，桜木公民館長の決裁を受けて発行することになった（乙８・Ｄ・２頁）。

ウ　上記イの決裁には，電子決済システムが利用されており，同システムにおける電子決裁の記録の保存期間は１年間である（Ｄ・２頁，弁論の全趣旨）。

(3)　本件句会と三橋公民館との間のやり取り

ア　Ｂは，平成２２年１０月末ころ，公民館祭りの運営のための会議における交流をきっかけに親しくなった，本件句会の代表であったＧに対し，本件句会の俳句を本件たよりに掲載してはどうかとの提案をした（以下「本件提案」という。甲２５，乙７，Ｂ・５頁，Ｈ・３頁）。

イ　このため，Ｇは，本件句会の会員に本件提案についての意見を求めた上，本件句会の代表として，本件提案を了承した（Ｈ・３頁，Ｂ・５頁。以下，本件提案と同了承をまとめて「本件合意」という。）。

ウ　本件句会では，Ｆ主宰が特選，秀逸，佳作の３段階の評価をし，特選の評価を受けた俳句のうち，会員から最も多くの票を獲得したものを秀句と呼び，これを本件たよりに掲載する俳句として選出していた（甲３２，Ｈ・１３頁，弁論の全趣旨）。

エ　秀句の提出方法は，本件句会が，三橋公民館の職員に対し，秀句を記載した紙を提出するというものであり，本件句会が三橋公民館に提出した秀句は，平成２２年１１月から平成２６年６月までの３年８か月間，各月発行の本件たよりにそれぞれ掲載された（甲１の２ないし４５，Ｈ・１９頁）。

秀句が掲載される位置は，本件たよりの裏面の下欄であり，掲載される秀句の体裁は，別紙俳句目録２記載のとおりであり，同目録１記載のとおり，本件句会の名称及び作者名が明示されることになっている（甲１の２ないし４５，弁論の全趣旨）。

(4)　本件俳句について

ア　原告は，平成２６年６月２４日，本件句会において，「梅雨空に　「九条守れ」の　女性デモ」との俳句（本件俳句）を詠んだところ，本件俳句は，Ｆ主宰から特選の評価を受け，会員から最も多くの票を獲得し，秀句として選出された（甲２４，Ｈ・１３頁）。

イ　平成２６年６月当時，「我が国及び国際社会の平和及び安全の確保に資するための自衛隊法等の一部を改正する法律案」及び「国際平和共同対処事態に際して我が国が実施する諸外国の軍隊等に対する協力支援活動等に関する法律案」（通称：安保法案）の成立に向けた動きがあったところ，その過程で，憲法９条は，集団的自衛権の行使を許容するものと解釈することができるかどうかが中心的な争点となっており，この点に関する報道が連日行われ，同年７月１日，憲法９条は，集団的自衛権の行使を許容するものと解釈するとの閣議決定がされた（公知の事実）。

ウ　本件俳句は，原告が，平成２６年６月初旬ころ，東京都中央区ｂ町で行われていた憲法９条は集団的自衛権の行使を許容するものであるとの解釈に反対する女性らのデモを見かけて，これに加わったことをきっかけに詠まれたものである（甲２４，原告本人・２３頁）。

(5)　本件俳句の不掲載について

ア　Ｄは，平成２６年６月２５日，本件句会の代表代行であったＨに対し，本件俳句は，世論を二分するようなテーマのものであるため，本件たよりに掲載することはできない旨伝え，代わりに別の俳句を提出することはできないかと提案したところ，Ｈは，これを断った（Ｈ・６頁，Ｄ・２８頁）。

イ　このため，原告は，翌２６日，三橋公民館に電話したところ，Ｄがこれに対応し，原告に対し，本件俳句を本件たよりに掲載することはできない旨伝えた（原告本人・１１頁，Ｄ・８頁）。

原告は，Ｄに対し，本件俳句を本件たよりに掲載することができない理由について書面で回答するよう求めたところ，三橋公民館は，同年７月３日，原告に対し，館長（Ｃ）名義で，本件俳句を本件たよりに掲載することができない理由について，「公民館だよりへの俳句不掲載について」と題する書面（以下「本件書面１」という。）で回答した（甲２，３，Ｄ・９頁）。

本件書面１には，三橋公民館が本件俳句を本件たよりに掲載することができないと判断した根拠として，①公民館は特定の政党の利害に関する事業を行うことは禁止されていること（社会教育法２３条１項２号），②国内世論が大きく分かれているものは広告掲載を行わないとされていること（さいたま市広告掲載基準４条（１）エ）が挙げられており，本件俳句の

「九条守れ」という文言が公民館の考えであるとの誤解を招く可能性がある旨記載されている（甲２）。

ウ　また，三橋公民館は，館長（C）名義で，平成２６年１２月１０日付け「「公民館だよりへの俳句不掲載について」の訂正について」と題する書面（以下「本件書面２」という。）を作成したところ，同書面には，上記イ①は本件俳句を本件たよりに掲載することができないとする根拠とはならないこと，上記イ②は本件俳句を本件たよりに掲載することができるか否かの判断に当たって参考としたにすぎないこと，本件俳句の「九条守れ」という文言が公民館の考えであるとの誤解を招く可能性があるとの記載は不適切であったこと等が記載されており，本件俳句を本件たよりに掲載することができないと判断した理由について，「公民館だよりは，公民館の事業や地域の活動を広報することを目的とし，公共施設である公民館が責任を持って編集・発行している刊行物でありますので，公平中立の立場であるべきとの観点から，掲載することは好ましくないと判断したものです。」と記載されている（甲３）。

エ　本件句会は，平成２６年７月，三橋公民館に対し，本件俳句及び同月の句会で選出された秀句を提出したところ，三橋公民館は，本件俳句は本件たよりに掲載することができないが，もう一方の秀句のみであれば掲載することができると述べた。

三橋公民館は，その後も，本件俳句を本件たよりに掲載することはできないとの対応をとっていたところ，本件句会は，本件俳句が本件たよりに掲載されないのであれば，他の秀句を掲載することを希望しないとして，三橋公民館に対し，秀句を提出することを止めたため，本件句会の俳句は，平成２６年７月以降，本件たよりに掲載されていない。

（甲１の４６ないし５６，甲２５，弁論の全趣旨）。

(6)　社会教育法の定め

ア　社会教育法１条は，「この法律は，教育基本法（平成１８年法律第１２０号）の精神に則り，社会教育に関する国及び地方公共団体の任務を明らかにすることを目的とする。」と規定する。

イ　同法２条は，「この法律において，「社会教育」とは，学校教育法（昭和２２年法律第２６号）又は就学前の子どもに関する教育，保育等の総合的な提供の推進に関する法律（平成１８年法律第７７号）に基づき，学校の教育課程として行われる教育活動を除き，主として青少年及び成人に対して行われる組織的な教育活動（体育及びレクリエーションの活動を含む。）をいう。」と規定する。

ウ　同法３条１項は，「国及び地方公共団体は，この法律及び他の法令の定めるところにより，社会教育の奨励に必要な施設の設置及び運営，集会の開催，資料の作製，頒布その他の方法により，すべての国民があらゆる機会，あらゆる場所を利用して，自ら実際生活に即する文化的教養を高め得るような環境を醸成するように努めなければならない。」，同２項は，「国及び地方公共団体は，前項の任務を行うに当たつては，国民の学習に対する多様な需要を踏まえ，これに適切に対応するために必要な学習の機会の提供及びその奨励を行うことにより，生涯学習の振興に寄与することとなるよう努めるものとする。」，同３項は，「国及び地方公共団体は，第１項の任務を行うに当たつては，社会教育が学校教育及び家庭教育との密接な関連性を有することにかんがみ，学校教育との連携の確保に努め，及び家庭教育の向上に資することとなるよう必要な配慮をするとともに，学校，家庭及び地域住民その他の関係者相互間の連携及び協力の促進に資することとなるよう努めるものとする。」と規定する。

エ　同法９条の３第１項は，「社会教育主事は，社会教育を行う者に専門的技術的な助言と指導を与える。ただし，命令及び監督をしてはならない。」と規定する。

オ　同法１０条は，「この法律で「社会教育関係団体」とは，法人であると否とを問わず，公の支配に属しない団体で社会教育に関する事業を行うことを主たる目的とするものをいう。」と規定する。

カ　同法１２条は，「国及び地方公共団体は，社会教育関係団体に対し，いかなる方法によつても，不当に統制的支配を及ぼし，又はその事業に干渉を加えてはならない。」と規定する。

キ　同法２０条は，「公民館は，市町村その他一定区域内の住民のために，実際生活に即する教育，学術及び文化に関する各種の事業を行い，もつて住民の教養の向上，健康の増進，情操の純化を図り，生活文化の振興，社会福祉の増進に寄与することを目的とする。」と規定する。

ク　同法２２条柱書きは，「公民館は第２０条の目的達成のために，おおむね，左の事業を行う。但し，この法律及び他の法令によつて禁じられたものは，この限りではない。」と規定し，同各号で「１　定期講座を開設すること。」，「２　討論会，講習会，講演会，実習会，展示会等を開催すること。」，「３　図書，記録，模型，資料等を備え，その利用を図ること。」，「４　体育，レクリエーション等に関する集会を開催すること。」，「５　各種の団体，機関等の連絡を図ること。」，「６　その施設を住民の集会その他の公共的利用に供すること。」と規定する。

ケ　同法２３条１項柱書きは，「公民館は，次の行為を行つてはならない。」と規定し，同各号で「１　もつぱら営利を目的として事業を行い，特定の営利事業に公民館の名称を利用させその他営利事業を援助すること。」，「２　特定の政党の利害に関する事業を行い，又は公私の選挙に関し，特定の候補者を支持すること。」と規定し，同２項は，「市町村の設置する公民館は，特定の宗教を支持し，又は特定の教派，宗派若しくは教団を支援してはならない。」と規定する。

コ　同法２７条１項は，「公民館に館長を置き，主事その他必要な職員を置くことができる。」と規定し，同２項は，「館長は，公民館の各種の事業の企画実施その他必要な事務を行い，所属職員を監督する。」と規定し，同３項は，「主事は，館長の命を受け，公民館の事業の実施にあたる。」と規定する。

サ　同法２９条１項は，「公民館に公民館運営審議会を置くことができる。」と規定し，同２項は，「公民館運営審議会は，館長の諮問に応じ，公民館における各種の事業の企画実施につき調査審議するものとする。」と規定する。

(7)　教育基本法の定め

教育基本法１６条１項は，「教育は，不当な支配に服することなく，この法律及び他の法律の定めるところにより行われるべきものであり，教育行政は，国と地方公共団体との適切な役割分担及び相互の協力の下，公正かつ適正に行われなければならない。」と規定する。

3　争点

(1)　本件合意の内容は，本件俳句を本件たよりに掲載することについて訴求力ある権利を発生させるものであったか。

(2)　三橋公民館の職員には，本件句会との間で，本件句会ないしその会員に本件たよりへの俳句の掲載請求権を発生させる合意をする権限があったか。

(3)　本件句会と三橋公民館が，本件合意をするに当たり，地方自治法２３４条の適用を受けるか。

(4)　原告は，本件合意に基づく俳句の掲載請求権を有するか。

(5)　三橋公民館が本件俳句を本件たよりに掲載しなかったことは，原告の学習権を侵害し，国家賠償法上，違法であるか。

(6)　三橋公民館が本件俳句を本件たよりに掲載しなかったことは，原告の表現の自由を侵害し，国家賠償法上，違法であるか。

(7)　三橋公民館が本件俳句を本件たよりに掲載しなかったことは，原告の人格権ないし人格的利益を侵害し，国家賠償法上，違法であるか。

(8)　原告の損害

4　争点に関する当事者双方の主張

(1)　争点(1)（本件合意の内容は，本件俳句を本件たよりに掲載することについて訴求力ある権利を発生させるものであったか。）について

（原告の主張）

ア　三橋公民館の主幹であったBは，平成２２年１０月ころ，本件句会の代表であったGに対し，特定の内容の俳句を本件たよりに掲載することはできないといった条件を付けておらず，また，三橋公民館が，本件句会から提出された俳句を修正する場合がある旨の説明もしないで，本件提案をし，本件句会が，本件提案を了承したという経緯，本件句会は，平成２２年１１月から平成２６年６月までの３年８か月間，三橋公民館に対し，秀句を提出してきており，三橋公民館は，この間，提出された秀句を本件たよりに掲載することを拒否したり，内容に意見を述べたりしたことはなかったことからすれば，本件合意の内容は，本件句会が本件たよりに掲載する俳句を選出し，三橋公民館は，同俳句の内容等に条件を付さないというもの，すなわち，三橋公民館が，本件句会が提出した秀句をそのまま本件たよりに掲載しなければならない義務を負うと解すべきである。なお，本件句会は，公民館に対する秀句の提出義務は負わない（片面的債務）と解すべきである。

イ　公民館は，「実際生活に即する教育，学術及び文化に関する各種の事業を行」うことを目的として設置されたものであり（社会教育法２０条），公民館で行われる本件句会のような社会教育関係団体の自主的な社会教育活動を保障する義務を負っており，その義務の履行を通じて，住民の学習権を保障する役割を担っている。

そして，住民の学習権は，自己学習と相互学習により実現されると

ころ，公民館での社会教育を通じた本件句会の学習の成果物である秀句が公民館だよりに掲載されることは，学習成果を地域に還元するという相互学習に資するものであり，住民の学習権の保障にとって重要な要素となるものであり，また，学習成果の発表という表現行為である。

したがって，本件合意は，上記のように重要な要素を内容とするものであるから，本件合意の内容は，三橋公民館に秀句の掲載義務を課し，本件俳句を本件たよりに掲載することについて訴求力のある権利を発生させるものであるというべきであって，三橋公民館は，本件句会が提出した秀句をそのまま本件たよりに掲載しなければならない義務を負うと解すべきである。

（被告の主張）

ア　本件句会が提出した秀句が，平成２２年１１月から平成２６年6月までの3年8か月にわたり，継続して本件たよりに掲載されてきたことをもって，三橋公民館が本件句会が提出した秀句をそのまま本件たよりに掲載することを承諾したということはできない。

イ　Bは，本件句会に対し，表現の場として本件たよりの紙面の一部を提供したのではなく，本件たよりの紙面を彩りのあるバラエティに富んだ親しみやすいものにするために本件提案をしたにすぎず，本件合意に基づく俳句の掲載請求権は，三橋公民館が本件句会の提出した秀句の掲載に任意に応じれば本件たよりに掲載されるという給付保持力があるにとどまり，訴求力を有しない自然債務的効力を有する権利にすぎないと解すべきである（本件合意の内容は，本件句会が，三橋公民館からの秀句の提供の求めを一方的に拒絶することができ，三橋公民館も提出された秀句の掲載の求めを一方的に拒絶することができるというものにすぎない。）。

ウ　仮に，本件合意に基づく権利が，法的な訴求力を有するものであるとしても，公民館の運営方針に合致する範囲の権利が発生するにすぎず，原告には，三橋公民館に対し，本件句会が提出した秀句をそのまま本件たよりに掲載させることができる権利が発生するものではなく，本件合意の内容は，三橋公民館が，本件句会が提出した秀句をそのまま本件たよりに掲載しなければならない義務を負う一方，本件句会は，公民館に対する秀句の提出義務は負わないというもの（片面的債務）と解することはできない。

(2)　争点(2)（三橋公民館の職員には，本件句会との間で，本件句会ないしその会員に本件たよりへの俳句の掲載請求権を発生させる合意をする権限があったか。）について

（原告の主張）

ア　社会教育法２７条１項は，「公民館に館長を置き，主事その他必要な職員を置くことができる。」と規定した上，同２項は，「館長は，公民館の各種の事業の企画実施その他必要な事務を行い，所属職員を監督する。」と規定していることからすれば，同法２２条が規定する公民館事業の企画実施及びそれに伴う事務の法律上の権限は，公民館長に付与されているものと解される。

本件たよりの内容は，俳句等の学習成果の掲載，公民館主催行事の告知等の学習機会の提供，サークルのメンバー募集等の団体活動支援及び事務的お知らせであり，前三者が本件たよりの紙面の大部分を占め，社会教育法２０条が規定する公民館の目的に合致するものである上，そのような本件たよりが反復継続して発行されていることからすれば，本件たよりの発行は，同法２２条が規定する公民館の事業に該当するものである。

そして，三橋公民館が，本件合意をすることは，本件たよりの発行

という事業の実施に伴う事務に該当するものであるから，本件合意をする権限は，三橋公民館長にある。

イ　自動車及びその部品の開発，設計，製造，売買等の事業を営む被告会社の従業者である被告人３名が，他の従業者と共謀の上，国土交通省の職員から，道路運送車両法（平成１４年法律第８９号による改正前のもの）６３条の４第１項に基づき，大型車両の前輪のタイヤホイールと車軸を結合する重要保安部品であるフロントホイールハブについてリコール等の改善措置に関する報告を求められた際，虚偽の報告をしたとして起訴された事案において，東京高等裁判所は，同法に基づく報告要求の存否に関し，報告要求を行う権限は国土交通大臣にあるが，国土交通省決裁規則により自動車交通局長が専決権限を有し，さらに，報告要求に関する同法の趣旨及び事務取扱いの実情等から，慣行として，自動車交通局長から同局技術安全部長，審査課長及びリコール対策室長に，その意思決定を含めた処理権限が委ねられ，国土交通大臣もこれを了承していたものと認められるとした上，リコール対策室課長補佐が電話で報告を求めたことを同法に基づく報告要求と評価できるか否かにつき，技術安全部長，審査課長，リコール対策室長には，慣行上，報告要求の事務を取り扱う権限が認められる上，同法に基づく報告要求については，実務上，自動車交通局長の決裁を得て行うことは異例であり，一連の交渉に際し，事故の報告を受けた自動車交通局長が，技術安全部長等に対して，メーカーから報告を求めるなどして調査し，原因と改善措置について明らかにするよう指示しており，同部長等には，この包括的指示により，必要な報告を求める権限が与えられていたと認められるとした（同裁判所平成２０年７月１５日判決（以下「本件高裁判決」という。）参照）。

本件高裁判決によれば，各省の訓令や地方自治体の決裁規定等により専決権限が定められている場合であっても，実務上の必要性と合理性があれば，慣行上更に下位の者に事務処理を行う権限が委ねられることはあり得るところであり，決裁規定上の専決権者よりも下位の補助機関が権限を補助執行していたという事務取扱いの実情が存在し，権限の根拠法令の趣旨等に照らし，下位の者に事務処理を行わせるという事務取扱いに合理性が認められれば，補助機関に慣行上の決裁権限が委ねられていたものということができる。

そして，仮に，本件合意をする権限が三橋公民館長になく，教育長にあったとしても，本件たよりは，平成２５年３月ころまで，拠点公民館長である桜木公民館長の決裁を受けず，三橋公民館の職員にゲラを回覧した上，三橋公民館長の了承の下，発行されていたものであるから，三橋公民館長の了承によって三橋公民館を利用する団体に関する記事を本件たよりに掲載することが決定されていたという事務取扱いの実情があり，本件たよりに掲載する記事の分量等について，各団体と協議・調整をする必要があることからすれば，同事務取扱いには合理性があった。

したがって，慣行上，三橋公民館長に本件たよりに掲載する記事に関する交渉ないし各団体との合意についての専決権限があったというべきである。

（被告の主張）

ア(ｱ)　公民館だよりの編集・発行は，教育委員会の事務である「社会教育に関する情報の提供」（社会教育法５条１６号）に該当するところ，上記事務は，さいたま市教育委員会教育長に対する事務委任規則２条により，教育長に委任されている。

(ｲ)　さいたま市教育委員会事務専決規程３条１項により準用されるさいたま市事務専決規程の別表２において，「定期刊行物の刊行の決定及びその編集並びに発行（市の行政の方針，施策等が掲載されているものを除く。）に関すること」のうち「軽易なもの」は，「課長」の専決事項とされている。

拠点公民館長は，さいたま市教育委員会事務専決規程２条８号における「組織規則第４条第３項に掲げる第２類の施設の長」に当たるから，同規程における「課長」に該当する。

(ウ)　公民館だよりの編集・発行は，「定期刊行物の刊行の決定及びその編集並びに発行（市の行政の方針，施策等が掲載されているものを除く。）に関するもの」のうち「軽易なもの」であるから，さいたま市教育委員会事務専決規程における「課長」である拠点公民館長が，公民館だよりの編集・発行についての専決権者である。

(エ)　上記(ア)ないし(ウ)によれば，公民館だよりの発行についての専決権限は，拠点公民館長である桜木公民館長にあるから，三橋公民館の主幹であるＢには，本件合意のような第三者と契約を締結する権限はない。

イ　被告（さいたま市）が第三者と契約を締結する場合，その権限は，市長が有するものである（地方教育行政の組織及び運営に関する法律第２２条５号）ところ，公民館に関する契約の場合，その専決権者である拠点公民館長が第三者と契約を締結する権限を有する者であり，公民館の職員には，上記権限はないから，本件合意のような第三者と契約を締結する権限は，三橋公民館の主幹であるＢではなく，桜木公民館長が有していたものである。

(3)　争点(3)（本件句会と三橋公民館が，本件合意をするに当たり，地方自治法２３４条の適用を受けるか。）について

（原告の主張）

地方自治法２３４条１項は，「売買，賃借，請負その他の契約は，一

般競争入札，指名競争入札，随意契約又はせり売りの方法により締結するものとする。」と規定しているところ，同項の趣旨は，地方公共団体の行う契約事務には，公正性，機会均等性，経済性を確保する必要があるため，不特定多数人の参加を求め，入札の方法によって競争を行わせることが合理的であることにあるから，「その他の契約」とは，上記趣旨に合致するものをいう。

そして，本件合意は，三橋公民館が，本件句会が提出した秀句を本件たよりに掲載することを内容とするものであり，金銭支払義務等の経済的負担を負うことはないので，不特定多数人の参加を求め，入札の方法によって競争を行わせる必要性がないものというべきであって，同項の趣旨に合致するものではないから「その他の契約」に該当せず，地方自治法２３４条１項は適用されない。

（被告の主張）

争う。

(4)　争点(4)（原告は，本件合意に基づく俳句の掲載請求権を有するか。）について

（原告の主張）

ア　代理

Ｂが，権利能力なき社団である本件句会の会員全員を代理するＧに対し，本件提案による申込みをし，本件句会もこれを了承して承諾したから，本人である原告は，本件合意に基づく俳句の掲載請求権を有する。

イ　代表（掲載請求権を不可分債権とする合意）

権利能力なき社団である本件句会が，Ｂの本件提案による申込みを了承して承諾したところ，本件合意に基づく俳句の掲載請求権は，本件句会と俳句の作者に不可分に帰属するものであるから，原告は，同

掲載請求権を有する。

ウ　第三者のためにする契約

本件句会が，三橋公民館との間で，俳句の作者を受益者とする第三者のためにする契約をしたから，受益者である原告は，本件合意に基づく俳句の掲載請求権を有する。

（被告の主張）

いずれも争う。Bには本件合意をする権限はなく，また，本件合意は，訴求力のある権利を発生させるものではないから，原告は本件俳句の掲載請求権を有しない。

(5)　争点(5)（本件俳句を本件たよりに掲載しなかったことが，原告の学習権を侵害し，国家賠償法上，違法であるか。）について

（原告の主張）

ア(ア)　一般的に，公民館だよりは，公民館が，その事業として発行する媒体であって，公民館における学習成果を地域に還元し，住民に対する社会教育の環境を醸成するものであるところ，本件たよりの内容は，俳句等の学習成果の掲載，公民館主催行事の告知等の学習機会の提供，サークルのメンバー募集等の団体活動支援及び事務的お知らせであり，前三者が本件たよりの紙面の大部分を占めているから，本件たよりも，一般的な公民館だよりと同様，公民館における学習成果を地域に還元し，住民に対する社会教育の環境を醸成するものということができる。

(イ)　そして，公民館職員には，社会教育法１２条，９条の３第１項等の規定から，公民館の事業を行うに当たって，独断的な評価や個人的な好みによらず，公民館利用者を公正に取り扱う義務が課されるものと解されるところ，三橋公民館において，本件たよりの発行に当たって，俳句の掲載を拒否する場合の基準は作成されておらず，

本件句会が三橋公民館に提出した秀句は，平成２２年１１月から平成２６年６月までの３年８か月間，本件たよりに掲載されなかったことがなかった上，三橋公民館及び桜木公民館の職員ら（Ｃ，Ｄ及びＥ）は，平成２６年６月２５日，本件俳句を本件たよりに掲載することができるかどうかについて，１時間程度しか議論せず，本件俳句を本件たよりに掲載することができない合理的な理由とならない①公民館は特定の政党の利害に関する事業を行うことは禁止されていること（社会教育法２３条１項２号），②国内世論が大きく分かれているものは広告掲載を行わないとされていること（さいたま市広告掲載基準４条（１）エ）を理由とするといった的外れな検討をするにとどまった。

(ｳ)　また，三橋公民館及び桜木公民館の職員ら（Ｃ，Ｄ及びＥ）は，本件俳句を本件たよりに掲載しないことが，逆に公民館の中立性や公平性・公正性に反する可能性や本件俳句の「九条守れ」という文言が，そもそも世論を二分する内容であるかどうかについて検討せずに，本件俳句を本件たよりに掲載しないこととした。

(ｴ)　したがって，三橋公民館及び桜木公民館の職員ら（Ｃ，Ｄ及びＥ）は，公民館利用者である原告を公正に取り扱う義務に違反し，原告の学習権を侵害したものである。

イ　社会教育法９条の３第１項違反

社会教育法９条の３第１項は，「社会教育主事は，社会教育を行う者に専門的技術的な助言と指導を与える。ただし，命令及び監督をしてはならない。」と規定し，大人の学習権を保障しているところ，三橋公民館は，助言・指導の範囲を超え，本件俳句を本件たよりに掲載しないという措置を講じ，本件句会に対する命令・監督をしたものであるから，三橋公民館による上記措置は，社会教育法９条の３第１項に違反し，原告の学習権を侵害したものである。

ウ　社会教育法１２条違反

社会教育法１２条は，「国及び地方公共団体は，社会教育関係団体に対し，いかなる方法によつても，不当に統制的支配を及ぼし，又はその事業に干渉を加えてはならない。」と規定し，大人の学習権を保障しているところ，三橋公民館は，本件俳句の内容に着目して，本件俳句を本件たよりに掲載しないこととしたのであるから，本件句会の事業に不当な干渉を加えたということができ，三橋公民館が本件俳句を本件たよりに掲載しなかったことは，社会教育法１２条に違反し，原告の学習権を侵害したものである。

エ　表現の自由と学習権は，いずれも憲法が保障する基本的人権として尊重されるべきものであり，学習権の内容である学習成果の発表は，表現活動の１つとして，表現の自由によっても保障を受けるため，両者には重なる部分があるが，学習成果の発表は，学習権の不可欠の要素であるから，表現の自由とは別に，学習権として保障されるべきものである。

また，学習権は，自己学習及び相互学習，学習成果の発表の自由及び住民の知る権利を内容とするものであるところ，学習成果の発表の自由や住民の知る権利という部分は，表現の自由によっても保障を受けるため，両者には重なる部分があるが，学習権の内容である住民の知る権利は，表現の自由の内容である知る権利とは異なり，教育という観点が存在し，単純に情報にアクセスするのではなく，真実を学び，知るというものであるから，学習権は，表現の自由とは異なる性格を持つ以上，表現の自由とは別に保障されるべきものである。

さらに，三橋公民館が本件俳句を本件たよりに掲載しなかったことにより，原告の学習発表の自由が制限され，また，俳句の創作活動といった原告が参加する本件句会における相互学習に萎縮効果を生じさせるものであるから，表現の自由の侵害とは別に学習権の侵害があったというべきである。

（被告の主張）

ア　本件たよりは，三橋公民館の主催行事の案内等の広報をする刊行物であって，同公民館を使用する個々の団体の活動成果を発表する役割まで担っているものではない。

イ　三橋公民館が，本件俳句を本件たよりに掲載しなかったことには，正当な理由があり，違法性はない。

(ｱ)　公民館の職員は公務を行う上で，公務員として中立性や公平性・公正性に配慮した姿勢を保たなければならず，本件たよりに掲載する記事の内容も中立性や公平性・公正性が保たれたものとしなければならない。

(ｲ)　憲法９条は集団的自衛権の行使を許容するものと解釈すべきか否かについては，平成２６年６月当時，賛否が分かれていたところ，同年７月１日には，憲法９条は集団的自衛権の行使を許容するものと解釈するとの閣議決定がされ，賛否の意見の対立は最高潮となった。なお，本件たよりは，毎月１日に発行されるものであるため，本件俳句が本件たよりに掲載されていたとすれば，本件俳句は，同日発行の本件たよりに掲載されることになったはずである。

原告は，憲法９条を集団的自衛権の行使を許容するものと解釈する立場に反対し，憲法９条を守るべきであることを訴えたいと考え，自らデモに飛び入り参加したのであるから，本件俳句は単にデモの状況を詠んだものということはできず，本件句会の会員は，原告の上記考えを含んだ本件俳句を秀句として選出したものである。

上記の点を考慮すると，三橋公民館が，本件俳句を本件たよりに掲載することは，世論の一方の意見を取り上げ，憲法９条は集団的自衛権の行使を許容すると解釈する立場に反対する者の立場に偏することとなり，中立性に反する。

(ｳ)　公民館が，ある事柄に関して意見の対立がある場合，一方の意見についてのみ発表の場を与えることは，一部を優遇し，あるいは冷遇することになり，公平性・公正性を害するため，許されない。

ウ　三橋公民館が，本件俳句を本件たよりに掲載しなかったことは，原告が公民館を利用して行う俳句の創作・発表活動に干渉するものではないから，原告の学習権を侵害するものではない。

(6)　争点(6)（本件俳句を本件たよりに掲載しなかったことが，原告の表現の自由を侵害し，国家賠償法上，違法であるか。）について

（原告の主張）

ア　本件たよりは，その紙面に公民館を利用する団体の作品が掲載され，地域住民や地域の小学校等に配布されたり，インターネット上で公開されたりするものであり，本件句会が三橋公民館に提出した秀句は，平成２２年１１月から平成２６年６月までの３年８か月間，いずれも本件たよりに掲載されてきたことからすれば，同年７月当時の本件たよりは，本件句会が提出した秀句の発表の場としての性格を有するものであった。

表現の自由には，自己実現及び自己統治という重要な価値があり，憲法が保障する人権の中でも優越的な地位にあるところ，表現行為は表現の受け手とのコミュニケーションを前提とするものであるから，同地位が実現されるためには，表現が受け手に受領されるまでの一連の過程全体が保障されなければならない。

そして，表現の自由は，基本的に，公権力による妨害を排除する消極的権利であり，表現行為を積極的に求めるという積極的権利ではな

いが，表現が受け手に受領されるまでの一連の過程全体が保障されるべきであるから，発表の場として提供されたものについては，公権力の裁量は制限され，公権力が表現の場として提供した場での表現活動を制限することは，原則として，表現の自由を侵害するものであるから，仮に，原告に本件俳句の掲載請求権がないとしても表現の自由が侵害されたということができる。

イ　公民館は，地域住民に対し，その教養の向上を図るため，学習の機会や学習の成果等を提供する役割を担う公的施設であるところ，公民館だよりは，公民館が公民館の事業として発行するものであるから，公民館の上記役割からすれば，本件たよりもまた，学習の機会や学習の成果等を提供する場であるというべきである。

また，本件合意が，ＢがＧに対し本件提案をしたところ，本件句会がこれを了承するという経緯でされたことにかんがみれば，三橋公民館は，本件句会に対し，学習成果の発表の場として本件たよりのスペースを提供したというべきであるから，同スペースは，指定されたパブリック・フォーラムであるということができる。

そして，表現の自由の重要性からすると，表現内容に関する制限は原則として禁止されるのであり，三橋公民館による本件俳句を本件たよりに掲載しないという制限が正当化されるのは，その目的がやむにやまれぬものであり，上記制限が目的達成のために必要最小限度のものにとどまる場合である。

三橋公民館は，公民館の中立性や公平性・公正性を確保することを目的として，①公民館は特定の政党の利害に関する事業を行うことは禁止されていること（社会教育法２３条１項２号）及び②国内世論が大きく分かれているものは広告掲載を行わないとされていること（さいたま市広告掲載基準４条（１）エ）を本件俳句を本件たよりに掲載することができない理由として挙げているが，①本件俳句は，特定の政党の利害に関する内容を含むものではなく，社会教育法２３条１項２号が禁止するのは，公民館が特定の政党の利害に関する事業を行うことであり，公民館の利用者である原告の行為を禁止するものではなく，②さいたま市広告掲載基準が想定する広告は，民間企業の広告であり，本件俳句の掲載とは関係がない規定であるから，三橋公民館が，本件俳句を本件たよりに掲載することができない理由として挙げた①及び②は，いずれもやむにやまれぬものではなく，三橋公民館による本件俳句を本件たよりに掲載しないことは，やむにやまれぬ目的を達成するための必要最小限度の制限にとどまらないから，原告の表現の自由を侵害するものである。

また，本件たよりのスペースは，本件句会に対し，学習成果の発表の場として提供されていたものであるから，他の媒体による発表の機会があることをもって，本件俳句を本件たよりに掲載しないという制限が正当化されるわけではない。

ウ　三橋公民館が，平成２２年１１月から平成２６年６月までの３年８か月の間，本件句会に対し，秀句を掲載する場として本件たよりのスペースを提供していたことは，一種の助成措置であると捉え，三橋公民館に助成を行うか否かについての一定の裁量があるとしたとしても，表現の自由には，憲法が保障する人権の中でも優越的な地位にあること，表現内容に関する制限は原則として禁止されることからすれば，三橋公民館には，本件たよりのスペースを提供することを止めるという助成措置の撤回についての裁量は制限されると解するのが相当であり，上記イのとおり，三橋公民館が本件俳句を本件たよりに掲載することができない理由として挙げた①及び②は，いずれもやむにやまれぬ目的ではなく，本件俳句を本件たよりに掲載しないことは，やむにやまれぬ目的を達成するための必要最小限度の制限にとどまらないから，原告の表現の自由を侵害するものである。

（被告の主張）

ア　表現の自由は，本件たよりへの本件俳句の掲載請求権という具体的権利を発生させるものではない。

イ　公民館だよりは，公民館の主催行事の案内等の広報をする刊行物であって，公民館を利用する個々の団体の活動成果を発表する役割まで担っているわけではないし，三橋公民館は，本件句会に対し，本件たよりを発表の場として提供していない。

(7)　争点(7)（本件俳句を本件たよりに掲載しなかったことが，原告の人格権ないし人格的利益を侵害し，国家賠償法上，違法であるか。）について

（原告の主張）

ア　本件句会の学習成果であり，かつ，作者の思想等が込められた作品を住民に発表ないし伝達する利益は，①公民館が，住民の学習権の保障を実質化するための社会教育施設であること，②公民館だよりは，地域住民に対する社会教育の助長・奨励のための媒体であり，学習成果を地域へ還元し，地域住民に対し，学習の機会を提供することを目的とし，また，公民館で活動する団体に対し，学習成果を発表する場として設けられたものであること及び③本件句会の会員は，公民館を利用する者であり，本件句会で会員らが詠んだ俳句が秀句となった場合，本件たよりに掲載することができたことを踏まえると，秀句の作者には，本件たよりに掲載することにより秀句を地域住民に発表する権利ないし利益があり，これは，人格権ないし人格的利益として法律上保護されるところ，三橋公民館は，本件俳句を本件たよりに掲載しないこととして，同権利ないし利益を侵害した。

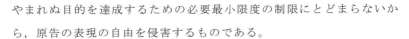

イ　また，三橋公民館は，平成２２年１１月から平成２６年６月までの３年８か月間，本件句会が三橋公民館に提出した秀句を本件たよりに掲載し続けてきたのであるから，秀句の作者には，本件たよりに秀句を掲載されることについて期待する権利ないし利益があり，秀句の作者の思想良心の自由や表現の自由が憲法により保障された基本的人権であることにかんがみると，三橋公民館は，原告の思想や信条を理由とした不公正な取扱いによって，本件俳句を本件たよりに掲載しないこととしたのであるから，その思想，意見等を公衆に伝達する原告の人格的権利ないし利益を不当に侵害した。

（被告の主張）

原告が，本件俳句は本件たよりに掲載されるものと期待していたとしても，本件たよりの編集・発行権限は被告にあり，Ｂが，Ｇに対し，本件提案をした目的は，本件たよりの紙面を彩りのあるバラエティに富んだ親しみやすいものにすることにあったことからすれば，原告の上記期待は，法律上保護されるものではない。

(8)　争点(8)（原告の損害）について

（原告の主張）

本件句会における活動は，会員が詠んだ俳句について議論をするという相互学習が行われることに意味があるものであり，三橋公民館による本件俳句を本件たよりに掲載しないとの制限は，原告を含む本件句会の会員の学習及び表現に萎縮効果を生じさせるものであることからすれば，本件俳句が本件たよりに掲載されなかったことにより原告が受けた精神的苦痛に対する慰謝料としては，２００万円が相当である。

（被告の主張）

本件合意がされるに至った経緯，秀句が掲載される場所は本件たよりの紙面の下欄のわずかなスペースであること及び原告は本件俳句を本件たより以外の場で発表することができたことからすれば，原告には，本件俳句が本件たよりに掲載されなかったことによる精神的苦痛は生じていない。

第３　当裁判所の判断

１　認定事実

前提事実，掲記の証拠及び弁論の全趣旨により認められる事実は，次のとおりである。

(1)　公民館の職員らについて

ア　Ｂは，平成４年に教員として採用され，田島小学校の教務主任を務めるなどした後，平成２２年４月，三橋公民館の主幹を務め，その後，芝原小学校の主幹教論を務めるなどした（乙７，Ｂ・１頁）。

イ　Ｄは，平成１１年に教員として採用され，さいたま市及び鳩ケ谷市の小学校において教員として勤務し，平成２５年４月，三橋公民館の主幹を務め，その後，さいたま市立大宮小学校の教頭となった（乙８）。

ウ　Ｃは，昭和５２年４月，馬宮中学校の教員として採用され，平成１１年４月から旧大宮市立馬宮公民館の主査，平成１３年５月からさいたま市立馬宮公民館の副主幹，同年６月から平成２６年３月まで，さいたま市の複数の中学校の教頭を務めた後，退職し，同年４月から，三橋公民館の館長となった（Ｃ・１頁）。

エ　Ｅは，昭和４９年４月，旧大宮市役所に入所し，その後，教育委員会総務課等への異動を経て，平成１９年４月からさいたま市立浦和高等学校の事務主幹，平成２５年４月から桜木公民館長を務め，その後，定年退職した（乙９）。

(2)　生涯学習総合センター等

ア　さいたま市立生涯学習センターは，同市の拠点公民館を所管し，拠点公民館は，それぞれ同市の地区公民館を所管する。

拠点公民館は，所管する地区公民館の予算執行，指導助言，その他関係機関との連絡調整及び維持管理に関する事務を所掌する。

（乙１２，１５）

イ　さいたま市教育委員会教育長に対する事務委任規則２条により，「学齢児童・生徒の就学すべき学区の設定又は変更をすること。」，「委員会の附属機関の委員の任免を行うこと。」，「教科用図書の採択に関すること。」，「委員会表彰を行うこと。」，「文化財の指定又は解除に関すること。」，「人事の基本方針を定めること。」及び「前各号に掲げるもののほか，教育長に委任することが適用でないと認められる事務を行うこと。」以外の事務が，教育委員会から教育長に対し，委任されている（乙１０）。

さいたま市教育委員会事務専決規程は，市教育委員会教育長の権限に属する事務の処理に関し必要な事項を定めるものであり，拠点公民館長は，同規程における課長に該当するものであるところ，同規程における課長の専決事項については，さいたま市事務専決規程の別表第２を準用しており，同別表では，定期刊行物の決定及びその編集並びに発行（市の行政の方針，施策等が掲載されているものを除く。）は，課長の専決事項とされている（乙１０ないし１５）。

ウ　公民館だよりの発行事務は，定期刊行物の決定及びその編集並びに発行（市の行政の方針，施策等が掲載されているものを除く。）に該当する（乙１５，弁論の全趣旨）。

(3)　本件たよりについて

ア　本件たよりは，三橋公民館が主催するものであるか否かを問わず，サークルの案内等の記事を掲載するものであり，自治会に回覧され，地域の小学校等に配布されるものである（甲１の１ないし５６，原告本人・６頁，Ｄ・４，５頁）。

イ　本件句会は，Ｂからの本件提案を了承した（本件合意をした）際，秀句の本件たよりへの掲載方法，期間，要件ないし体裁等について要望したことはなく，その後も，三橋公民館との間で，これらの事項について取決めをしたことはなかった（Ｈ・１９頁，弁論の全趣旨）。

ウ　三橋公民館で活動する団体には，本件句会のほか，三橋切り絵の会や絵手紙ろの会などがあり，Ｂは，本件句会以外のサークルに対しても，本件提案と同様の提案をしており，三橋切り絵の会は，Ｂの提案に応じて作品を三橋公民館に提供してきたが，三橋公民館に提供することができる作品がなくなったとして，作品の提出を止めたところ，それ以降，本件たよりに三橋切り絵の会の作品が掲載されることはなくなり，代わりに，絵手紙ろの会の作品が掲載されることになった（甲１の１ないし５６，Ｂ・３，４，９頁）。

Ｂが，本件句会や他のサークルに対し，各サークルの作品の提供を受けた上，これを本件たよりに掲載することを提案した目的は，本件たよりの紙面を彩りのあるバラエティに富んだ親しみのあるものにすることにあった（Ｂ・４，５頁）。

エ　本件たよりに掲載することができない記事や作品についての判断基準は，三橋公民館が本件俳句を本件たよりに掲載しないこととした平成２６年６月当時，作成されておらず，その後も，作成されていない（Ｄ・３１頁，Ｅ・３４頁）。

公民館の中には，住民の意見を公民館だよりに反映させることを目的とする公民館だよりの編集委員会を設置するものがあるが，三橋公民館には，上記委員会等の本件たよりの内容について意見を述べる機関は設置されていない（甲７ないし9，Ｂ・6，7頁，弁論の全趣旨）。

オ　Ｂは，三橋切り絵の会から複数の作品の提出を受けていたため，任意の作品を選んだ上，各月の本件たよりに掲載していた（Ｂ・１６頁）。

また，Bは，Gから，秀句の季語が，本件たよりが発行される時期とずれる場合には，その旨断りを入れてほしい旨要望があったため，これに応じて，本件たよりにその旨記載したことがあった（甲１の３ないし１９，B・６頁）。

(4)　本件俳句の不掲載までの経緯

ア　Dは，本件句会から本件俳句の提出を受けたが，これを本件たよりに掲載するのは問題ではないかと考え，Cに意見を求めたところ，Cは，本件俳句を掲載することは難しいと考える旨回答した（D・５，６頁，C・４，５頁）。

イ　このため，Dは，平成２６年６月２５日，桜木公民館を訪れ，Eら同公民館の職員らと１時間程度，本件俳句を本件たよりに掲載することができるかどうかについて検討した上，Hに対し，本件俳句を本件たよりに掲載することはできない旨伝えた（乙９，D・２０，２２頁）。

ウ　DとEら桜木公民館の職員らが，上記検討をした際，本件俳句を本件たよりに掲載すべきである旨の意見が出されたことはなく，これを掲載しないことが，逆に公民館の中立性や公平性・公正性に反する可能性があることについての議論はされなかった（D・３２，３３頁）。

エ　本件書面１は，Eが作成した原案をもとにDないしCが作成したものであり，本件書面２は，Eが文案を作成し，DないしCが書面化したものである（甲２，３，D・８，９頁，E・４，５頁，C・７，９頁）。

オ　C，D及び生涯学習総合センターの職員２名は，平成２６年７月２２日の本件句会の活動終了後，本件句会の会員約２０名に対し，本件俳句を本件たよりに掲載しなかった経緯について説明した（甲１６，２４，２５）。

(5)　さいたま市公民館運営審議会（以下「本件公運審」という。）における審議等

ア　本件公運審は，平成２５年１０月，「社会変化に対処する公民館のあり

方について」と題する答申をまとめたところ，同答申には，学習成果の地域への還元という項において，「公民館の学習活動がカルチャーセンターや私塾での学習と異なるところは，学習を単に個人の満足にとどめず，学習の成果をボランティア活動や地域形成の活動に生かすよう継続発展させ，これを地域社会に還元し拡大させるようにすることが期待されている。」と記載されている（甲１２）。

イ　Ｃは，平成２７年７月に開催された第７期第５回の本件公運審において，本件俳句を本件たよりに掲載しないことにした際，上記アの答申は参照しなかった旨述べた（甲１７，Ｉ・２７頁，弁論の全趣旨）。

ウ　本件公運審は，平成２７年１０月ころ，「市民の<声>が生きる公民館へ」と題する提言を作成した（甲１３，弁論の全趣旨）。

エ　さいたま市公民館条例２２条２項柱書きは，「審議会は，委員１５人以内をもって組織し，次に掲げる者のうちから委員会が委嘱する。」と規定し，「学校教育及び社会教育の関係者」，「家庭教育の向上に資する活動を行う者」，「学識経験を有する者」，「公募による市民」を掲げている（乙１３）。

(6)　その他

ア　本件句会を含む多数の俳句会で構成される，かたばみ俳句会は，同人誌を発行しており，原告は，かたばみ俳句会の会員でもあった（甲６１，６２，Ｈ・１１頁，原告本人・８頁，弁論の全趣旨）。

イ　Ｃが教員時代に出席した職員会議では，毎年，卒業式や入学式で国旗（日の丸）を掲げるか否か，国歌（君が代）を歌うか否かについての議論が活発に行われ，教員同士で意見の対立があった（Ｃ・５，１６，１７頁）。

ウ　原告は，以前，自己の俳句が本件たよりに掲載された際，地域の住民から，原告の俳句を見たと言われたことがあった（原告本人・６頁）。

エ　原告は，本人尋問において，三橋公民館が本件俳句を本件たよりに掲載しなかった真の理由について思い当たるところはないと供述した（原告本人・３２頁）。

２　争点(1)（本件合意の内容は，本件俳句を本件たよりに掲載することについて訴求力ある権利を発生させるものであったか。）について

(1)　原告は，本件合意の内容は，三橋公民館に秀句の掲載義務を課し，本件俳句を本件たよりに掲載することについて訴求力のある権利を発生させるものであるというべきであって，三橋公民館は，本件句会が提出した秀句をそのまま本件たよりに掲載しなければならない義務を負う旨主張する。

(2)　Ｂは，平成２２年１０月ころ，Ｇに対し，本件句会の俳句を公民館だよりに掲載してはどうかとの提案（本件提案）をした（前提事実(3)ア）ところ，本件提案を受けたＧは，本件句会の会員に本件提案についての意見を求めた上，本件句会の代表として，これを了承し（前提事実(3)イ），本件句会は，同年１１月以降，本件句会が選出した秀句を三橋公民館の職員に提出し，三橋公民館は，平成２２年１１月から平成２６年６月までの３年８か月間，これを本件たよりに掲載してきた（前提事実(3)エ）ことからすれば，本件句会とＢが，本件句会が提出した俳句を本件たよりに掲載することについて，申込み（本件提案）と承諾（本件句会が本件提案を受け入れることとしたこと）があった（本件合意）と認められる。

(3)ア　認定事実(3)ウのとおり，Ｂが本件提案をした目的は，本件たよりの紙面を彩りのあるバラエティに富んだ親しみのあるものにするためであり，本件合意は，Ｂが本件提案をし，Ｇが本件句会の代表として，これを了承したという経緯によりされるに至ったところ（上記(2)），本件句会が，その際，秀句の本件たよりへの掲載方法，期間，要件ないし体裁等について要望したことはなく，その後も，三橋公民館との間で，これらの事項に

ついて取決めをしたことはなかった（認定事実(3)イ）。

そして，Ｂは，Ｇから，秀句の季語が，本件たよりが発行される時期とずれる場合には，その旨断りを入れてほしい旨の要望を受け，これに応じたものの（認定事実(3)オ），断りの文言等について，本件句会から具体的な要望があった形跡はないこと，本件たよりに掲載することができない記事や作品についての判断基準は，三橋公民館が本件俳句を本件たよりに掲載しないこととした平成２６年６月当時，作成されておらず，その後も，作成されていないこと，三橋公民館には，編集委員会や本件たよりの内容について意見を述べる機関が設置されていなかったこと（認定事実(3)エ），Ｂは，三橋切り絵の会から複数の作品の提出を受けていたため，任意の作品を選んで，各月の本件たよりに掲載していたこと（認定事実(3)オ）も考慮すれば，本件句会の会員は，三橋公民館の主幹であるＢが，本件句会から提出された俳句が，本件たよりの紙面を彩るのにふさわしいかどうかを検討して，掲載するかどうか決めることを了承していたものと認められる。

そうすると，本件たよりの編集権限は，事実上，三橋公民館の主幹にあり，本件たよりに俳句を掲載するかどうかは，Ｂの判断に委ねられていたものというべきである。

イ　なお，認定事実(3)ウのとおり，Ｂは，本件句会以外のサークルに対しても，本件提案と同様の提案をしており，三橋切り絵の会も，Ｂの提案に応じて，作品を三橋公民館に提出してきたが，三橋公民館に提出することができる作品がなくなったとして，作品の提出を止めたところ，それ以降，三橋切り絵の会の作品が，本件たよりに掲載されることはなくなり，かつ，三橋公民館が，三橋切り絵の会に対し，作品の提出を求めた形跡がないことからすれば，三橋公民館との間で本件たよりにサークルの作品を掲載するとの合意をした各サークルが，三橋公民館に対し，作品を提供する義務を負っていたとするのは相当でないから，本件句会には，秀句を提供する義務はないと解される（原告もその旨主張している。）。

ウ　上記ア及びイからすると，本件合意の内容は，本件句会が俳句の提供義務を負い，三橋公民館が本件句会から提出された秀句をそのまま本件たよりに掲載する義務を負うといったものではなく，本件句会が俳句を提供し，本件たよりの事実上の編集権限を有する三橋公民館の主幹が，本件たよりの紙面を彩るために有効であるとして掲載することを決めた場合，俳句を掲載するというものにすぎなかったと解するのが相当である（なお，本件句会が三橋公民館に提出した秀句が，平成２２年１１月から平成２６年６月までの３年８か月間にわたって，本件たよりに継続して掲載されたことにより，本件合意の内容に質的な変化が生じたと認めるに足りる証拠はない。）。

(4)　したがって，本件合意の内容は，法的に訴求力のある権利ないし義務を発生させるものではないとするのが相当であるから，原告の上記主張は採用することができない。

なお，原告は，本件合意の内容は，三橋公民館は，いかなる場合であっても，本件句会が提出した秀句を本件たよりに掲載しなければならない義務を発生させるものである旨主張するが，明らかに社会的相当性を欠く内容の俳句（他者の人格を侵害する蓋然性のある俳句等）であっても，三橋公民館はこれらを掲載しなければならないという内容の合意がされることはないはずであるから，原告の上記主張も採用することはできない。

3　争点(2)（三橋公民館の職員には，本件句会との間で，本件句会ないしその会員に本件たよりへの俳句の掲載請求権を発生させる合意をする権限があったか。）について

(1)　原告は，三橋公民館が，本件合意をすることは，本件たよりの発行という事業の実施に伴う事務に該当するものであるから，本件合意をする権限は，

三橋公民館長にある旨主張するので，この点について，念のため，検討するに，本件合意に係る本件提案をしたのは，当時の三橋公民館の主幹であったＢであるところ，本件たよりの編集権限は，事実上，実際に本件たよりを作成していた三橋公民館の主幹にあり（上記２(3)ア），その決裁権限は，桜木公民館長にあったというべきであるが（認定事実(2)イ及びウ），本件たよりの編集権限及び決裁権限（内部的な権限）と，第三者である本件句会と本件合意をする権限（外部的な権限）は，その内容を異にするものであるから，本件提案をしたＢに，本件句会との間で，本件句会ないしその会員に訴求力のある俳句の掲載請求権を発生させる合意をする権限があったと認めることはできない。

なお，三橋公民館長及び桜木公民館長が本件合意についての決裁をしたと認めるに足りる証拠はなく，桜木公民館長が，本件たよりを決裁したことをもって，本件合意の決裁をしたとみることもできない。

(2)ア　原告は，各省の訓令や地方自治体の決裁規定等により専決権限が定められている場合であっても，決裁規定上の専決権者よりも下位の補助機関が権限を補助執行していたという事務取扱いの実情が存在し，権限の根拠法令の趣旨等に照らし，下位の者に事務処理を行わせるという事務取扱いに合理性が認められれば，補助機関に慣行上の決裁権限が委ねられていたものということができるところ，本件たよりは，平成２５年３月ころまで，拠点公民館長である桜木公民館長の決裁を受けず，三橋公民館の職員にゲラを回覧した上，三橋公民館の了承の下，発行されていたものであるから，三橋公民館長の了承によって三橋公民館を利用する団体に関する記事を本件たよりに掲載することが決定されていたという事務取扱いの実情があり，本件たよりに掲載する記事の分量等について，各団体と協議・調整をする必要があることからすれば，同事務取扱いには，必要性及び合理性があったから，慣行上，三橋公民館長に本件たよりに掲載する記事に関する交渉ないし各団体との合意についての専決権限があったというべきである旨主張する。

イ　しかし，原告が引用する本件高裁判決は，車両法に基づく報告要求について，実務上，自動車交通局長の決裁を得て行うことは異例であり，審査課長又はリコール対策室長の判断・指示に基づき，同室の職員がこれを行うのが通例であったことを根拠として，専決権限を有していない補助機関による報告要求の効力を肯定するものであるところ，前提事実(2)イによれば，本件たよりの決裁権限は，平成２５年４月以降のいずれかの時期から，拠点公民館長である桜木公民館長に帰属していたと推認されるから，桜木公民館長の決裁を得て公民館だよりの発行を行うことが異例であるといった事情があるということはできず，本件は，本件高裁判決と異なる状況にあったというべきであるから，上記主張は前提を欠くものである。

(3)　したがって，原告の上記主張はいずれも採用することができない。

(4)　よって，争点(3)及び(4)について判断するまでもなく，本件俳句を本件たよりに掲載することを求める原告の請求は理由がない。

4　争点(5)（本件俳句を不掲載としたことが，原告の学習権を侵害し，国家賠償法上，違法であるか。）について

(1)　原告は，三橋公民館の職員は，①公民館利用者である原告を公正に取り扱う義務に違反し，②学習権を保障する趣旨の規定である社会教育法９条の３第１項及び③同法１２条に違反して，本件俳句を本件たよりに掲載しなかったことにより，原告の学習権を侵害した旨主張する。

しかし，社会教育法９条の３第１項及び同法１２条の各規定は，原告が主張するとおり，大人の学習権を保障する趣旨のものであるから，上記各規定により，公民館の職員に課される学習権を保障するための義務は，原告が主張する①公民館利用者である原告を公正に取り扱う義務の一内容に過ぎないというべきであり，原告の学習権侵害に関する上記②及び③の主張は，結局，

①の主張と同じものであると解するのが相当である。

(2)　学習権は，憲法２６条に基づき，国民各自が，一個の人間として，また，一市民として，成長，発達し，自己の人格を完成，実現するために必要な学習をする権利であり，特に，自ら学習することのできない子どもとの関係では，自己に教育を施すことを大人一般に対して要求することができる権利をいうと解するのが相当である（最高裁判所昭和５１年５月２１日大法廷判決・刑集３０巻５号６１５頁参照）から，子どものみならず，大人についても，憲法上，学習権が保障されるというべきであり，社会教育法２条及び３条は，これを前提とする規定であると解するのが相当である。

しかし，憲法２３条の学問の自由の内容に，研究発表の自由が含まれると一般的に解されている（上記最高裁判所判決参照）のと異なり，人間のあらゆる表現は，学習を前提としてされるものであるから，学習成果の発表は，表現そのものにほかならないというべきである。

したがって，学習成果の発表の自由は，学習権の一部として保障されるのではなく，表現の自由として保障されるものと解するのが相当であるから，学習権の内容に学習成果の発表の自由が含まれると解することはできない。

(3)　原告は，①表現の自由と学習権は，学習権の内容である学習成果の発表は，表現活動の１つとして，表現の自由によっても保障を受けるため，両者には重なる部分があるが，学習成果の発表は，学習権の不可欠の要素であること及び②学習権は，自己学習及び相互学習，学習成果の発表の自由及び住民の知る権利を内容とするものであるところ，学習成果の発表の自由や住民の知る権利という部分は，表現の自由によっても保障を受けるため，両者には重なる部分があるが，学習権の内容である住民の知る権利は，表現の自由の内容である知る権利とは異なり，教育という観点が存在し，単純に情報にアクセスするのではなく，真実を学び，知るというものであることから，学習権は，表現の自由とは異なる性格を持つ以上，表現の自由とは別に保障されるべきものである旨主張する。

しかし，上記(2)のとおり，学習権の内容に学習成果の発表の自由が含まれると解するのは相当ではない。

また，本件は，原告が詠んだ本件俳句を本件たよりに掲載することにより発表することの可否が問題となるものであるから，本件俳句が本件たよりに掲載されないことによって，原告が学習をすること自体が制限されるわけではない。

なお，原告は，三橋公民館が本件俳句を本件たよりに掲載しなかったことにより，俳句の創作活動といった原告が参加する本件句会における相互学習に萎縮効果を生じさせるとも主張するが，そのような萎縮効果が生じ，又は生じるおそれがあると認めるに足りる証拠はない（本件句会は，Bが本件提案をする以前は，秀句を本件たよりに掲載することを希望することなく活動しており，三橋公民館が本件俳句を本件たよりに掲載しないこととした後，三橋公民館が本件句会に対し，本件俳句とは別の俳句を掲載することを提案したにもかかわらず，本件句会がこれを拒絶して，三橋公民館に対し，秀句を提出することを止めたまま活動を継続していたことからすれば（前提事実(5)エ），原告を含む本件句会の相互学習に萎縮効果が生じたと認めることはできない。）。

(4)　したがって，原告の主張はいずれも採用することができない。

5　争点(6)（本件俳句を不掲載としたことが，原告の表現の自由を侵害し，国家賠償法上，違法であるか。）について

(1)　原告は，本件たよりは，本件句会が提出した秀句の発表の場としての性格を有するものであること，表現の自由の優越的な地位が実現されるためには，表現が受け手に受領されるまでの一連の過程全体が保障されなければならないことを理由として，公権力が発表の場として提供した場での表現活動を制限することは，原則として表現の自由を侵害するものであるから，仮

に，原告に本件俳句の掲載請求権がないとしても表現の自由が侵害されたということができる旨主張する。

しかし，原告は，本件たよりという特定の表現手段による表現を制限されたにすぎず，かたばみ等の同人誌やインターネット等による表現が制限されたわけではない上（認定事実(6)ア），特定の表現手段による表現の制限が，表現者の表現の自由を侵害するものというためには，同人が，この表現手段の利用権を有することが必要と解される（ある者が国営の新聞社に対し，投書をしたところ，同社が同投書を投書欄に掲載しなかったからといって，これが，同人の表現の自由を侵害するということはできないことは明らかである。）から，本件においては，原告が，本件俳句を本件たよりに掲載することを求めることができる掲載請求権を有することが必要となるところ，上記２及び３のとおり，原告には，本件俳句の掲載請求権があるということはできない。

したがって，原告の上記主張は，前提を欠き，採用することができない。

(2)　原告は，本件たよりは，パブリック・フォーラムであり，三橋公民館による本件俳句を本件たよりに掲載しないという制限が正当化されるのは，その目的がやむにやまれぬものであり，上記制限が目的達成のために必要最小限度にとどまる場合であるところ，上記制限は，これらの要件を充足しないから，原告の表現の自由を侵害する旨主張する。

しかし，本件たよりがパブリック・フォーラムに該当するというためには，原告が本件たよりというフォーラムに立ち入ることができる権利を有することが必要と解すべきところ，原告は，本件俳句の掲載請求権を有しておらず（上記２及び３），また，公民館の利用権は，本件たよりへの掲載請求権とは異なるものであるから，原告が，フォーラムとしての本件たよりに立ち入ることができる権利を有するということはできない。

したがって，原告の上記主張は，前提を欠き，採用することができない。

(3)　原告は，三橋公民館が，平成２２年１１月から平成２６年６月までの３年８か月の間，本件句会に対し，秀句を掲載する場として本件たよりのスペースを提供していたことを一種の助成措置であると捉え，三橋公民館が，本件たよりのスペースを提供することを止めること（助成措置の撤回）に関する裁量は制限される旨主張する。

しかし，原告の上記主張は，三橋公民館が，本件句会の会員らに対し，本件たよりを表現の場として提供することにより，助成したことを前提とするものであって，原告のパブリック・フォーラム論の主張とほぼ同一のものと解されるところ，本件たよりが，本件句会の会員らに対し，表現の場として提供されたものであると認めるに足りる証拠はないし，上記２，３及び(2)のとおり，原告は本件俳句の掲載請求権を有しておらず，また，フォーラムとしての本件たよりに立ち入ることができる権利を有するということはできないから，原告の上記主張も，前提を欠き，採用することができない。

(4)　したがって，原告の主張は，いずれも採用することができない。

６　争点(7)（本件俳句を本件たよりに掲載しなかったことが，原告の人格権ないし人格的利益を侵害し，国家賠償法上，違法であるか。）について

(1)　原告は，本件句会の学習成果であり，かつ，作者の思想等が込められた作品を住民に発表ないし伝達する利益は，①公民館が，住民の学習権の保障を実質化するための社会教育施設であること，②公民館だよりは，地域住民に対する社会教育の助長・奨励のための媒体であり，学習成果を地域へ還元し，地域住民に対し，学習の機会を提供することを目的とし，公民館で活動する団体に対し，学習成果を発表する場を設けたものであること，③本件句会の会員は，公民館を利用する者であり，本件句会で会員らが詠んだ俳句が秀句となった場合，本件たよりに掲載することができたことを踏まえると，本件句会の秀句の作者には，本件たよりにより秀句を地域住民に発表する権利ないし利益があり，これは，人格権ないし人格的利益として法律上保護さ

れると主張する。

しかし，上記２及び３のとおり，原告は，本件俳句の掲載請求権を有していないから，これを人格権ないし人格的利益という被侵害利益とする不法行為が直ちに成立するということはできない。

したがって，原告の上記主張は採用することができない。

(2)　原告は，三橋公民館は，平成２２年１１月から平成２６年６月までの３年８か月間，本件句会の秀句を本件たよりに掲載し続けてきたのであるから，秀句の作者には，秀句を本件たよりに掲載されることについて期待する権利ないし利益があり，秀句の作者の思想良心の自由や表現の自由が憲法により保障された基本的人権であることにかんがみると，三橋公民館は，原告の思想や信条を理由とした不公正な取扱いによって本件俳句を本件たよりに掲載しないこととしたのであるから，三橋公民館が本件俳句を不掲載としたことは，思想，意見等を公衆に伝達する原告の権利ないし利益を不当に侵害するものである旨主張する。

(3)　前提事実(3)イ及びエのとおり，三橋公民館は，本件合意に基づき，本件句会が提出した秀句を３年８か月にわたり，継続して本件たよりに掲載してきたのであるから，原告が，秀句として選出された本件俳句も，本件たよりに掲載されると期待するのは当然というべきところ，原告の上記期待は，著作者の思想の自由，表現の自由が憲法により保障された基本的人権であることにもかんがみると，法的保護に値する人格的利益であると解するのが相当であり，公務員である三橋公民館及び桜木公民館の職員らが，著作者である原告の思想や信条を理由とするなど不公正な取扱いをした場合，同取扱いは，国家賠償法上違法となると解するのが相当である（最高裁判所平成１７年７月１４日第一小法廷判決・民集５９巻６号１５６９頁参照）。

(4)　被告は，三橋公民館が，本件俳句を本件たよりに掲載することは，世論の一方の意見を取り上げ，憲法９条は集団的自衛権の行使を許容すると解釈する立場に反対する者の立場に偏することとなり，中立性に反し，また，公民館が，ある事柄に関して意見の対立がある場合，一方の意見についてのみ発表の場を与えることは，一部を優遇し，あるいは冷遇することになり，公平性・公正性を害するため，許されないから，本件俳句を本件たよりに掲載しなかったことには，正当な理由がある旨主張する。

ア　教育行政の基本は，政治的中立性が確保されることにあることはいうまでもないところ，教育基本法１６条１項や社会教育法１２条等が，教育行政は，政治的に中立であるべきといった内容を定めていることは，これを当然の前提とするものと解される。

イ　しかし，前提事実(5)イ及びウのとおり，三橋公民館は，本件書面１により，原告に本件俳句を本件たよりに掲載することができない理由について回答したが，本件書面２により，本件書面１で本件俳句を公民館だよりに掲載することができない理由としていたものを撤回するに至っており，三橋公民館が本件俳句を本件たよりに掲載しないこととするに当たって，三橋公民館及び桜木公民館の職員ら（C，D及びE）は，本件俳句を本件たよりに掲載することができない理由について，十分な検討を行っていなかったと認められる。

なお，本件書面１には，本件俳句を本件たよりに掲載することができない理由として，①公民館は特定の政党の利害に関する事業を行うことは禁止されていること（社会教育法２３条１項２号）及び②国内世論が大きく分かれているものは広告掲載を行わないとされていること（さいたま市広告掲載基準４条(1)エ）が挙げられているが（前提事実(5)イ及びウ），①社会教育法２３条１項２号は，公民館が，特定の政党の利害に関する事業を行うことを禁止する規定であること，②さいたま市広告掲載基準が想定する広告は，民間企業等の広告であることからすれば，本件たよりに本件俳句を掲載することができるかどうかの判断の根拠となるものでないことが明らかである。

ウ　本件俳句が，憲法９条が集団的自衛権の行使を許容していると解釈すべきでないとの立場を表明したものであるとすると，本件俳句を本件たよりに掲載することにより，三橋公民館は，上記立場に反対する立場の者からクレームを受ける可能性があることを否定することはできないが，前提事実(3)エのとおり，本件俳句を本件たよりに掲載する場合，別紙俳句目録１記載のように，本件句会の名称及び作者名が明示されることになっていることからすれば，三橋公民館が，本件俳句と同じ立場にあるとみられることは考え難いから，これを掲載することが，直ちに三橋公民館の中立性や公平性・公正性を害するということはできない。

むしろ，行政が，中立性や公平性・公正性を確保する目的が，国民の行政に対する信頼を確保することにあるとすれば，本件俳句を本件たよりに掲載しないことにより，三橋公民館が，憲法９条は，集団的自衛権の行使を許容するものと解釈すべきとの立場に与しているとして，上記立場と反対の立場の者との関係で，行政に対する信頼を失うことになるという問題が生じるが，認定事実(4)で認定した本件俳句の不掲載までの経緯によれば，三橋公民館が，本件俳句を本件たよりに掲載しないこととするに当たって，三橋公民館及び桜木公民館の職員ら（Ｃ，Ｄ及びＥ）は，この点について何ら検討していないものと認められる（なお，三橋公民館が本件俳句を本件たよりに掲載しないこととした当時，上記職員らが，原告がデモに参加したことを認識していた形跡はないから，原告がデモに参加したことを考慮して，本件俳句を本件たよりに掲載することができない理由としたとする被告の主張は採用することができない。）。

エ　また，前提事実(4)イのとおり，平成２６年６月当時，憲法９条が，集団的自衛権の行使を許容すると解釈すべきかどうかについて，賛否が分かれていたものの，賛成・反対いずれの立場も，憲法９条を守ること自体については一致していたのであるから，本件俳句の「九条守れ」との文言が，直ちに世論を二分するものといえるかについても疑問を容れる余地があるところ，三橋公民館が本件俳句を本件たよりに掲載しないこととするに当たって，三橋公民館及び桜木公民館の職員ら（C，D及びE）が，この点について検討した形跡はない。

オ　上記イないしエのとおり，三橋公民館及び桜木公民館の職員らは，三橋公民館が本件俳句を本件たよりに掲載しないこととするに当たって，本件俳句を本件たよりに掲載することができない理由について，十分な検討を行っておらず，三橋公民館は，このような不十分な検討結果をもとに，本件書面１記載の内容を根拠として，本件俳句を本件たよりに掲載しないこととし，その後，本件書面１記載の内容が不適切であったことを認めた上，本件俳句を本件たよりに掲載することができない理由について，本件書面２記載の内容に変更するなど，場当たり的な説明をしていたものである（前提事実(5)イ及びウ）。

カ　以上によれば，三橋公民館が本件俳句を本件たよりに掲載しなかったことに，正当な理由があったということはできず，三橋公民館及び桜木公民館の職員らは，原告が，憲法９条は集団的自衛権の行使を許容するものと解釈すべきではないという思想や信条を有しているものと認識し，これを理由として不公正な取扱いしたというべきであるから，被告の上記主張は採用することができない。

キ　なお，上記イないしエのように，三橋公民館及び桜木公民館の職員ら（C，D及びE）が，本件俳句を本件たよりに掲載することができるかどうかについて，十分な検討を行わなかった原因について，次のように推認することができる。

認定事実(1)イ及びウのとおり，D及びCは教員を経験した後，三橋公民館の主幹ないし館長を経て，管理職となっており，認定事実(1)エのとおり，Ｅは，教育委員会や高校の事務主幹を経験した後，桜木公民館の館長となっているところ，認定事実(6)イのとおり，Ｃが，教育現場において，国旗（日の丸）や国歌（君が代）に関する議論など，憲法に関連する意見の対立を目の当たりにしてきたように，Ｄ及びＥも，上記のような意見の対立を目の当たりにして，これに辟易しており，一種の「憲法アレルギー」のような状態に陥っていたのではないかと推認される。

そして，上記「憲法アレルギー」の発露として，Ｄは，本件俳句を本件たよりに掲載するのは問題ではないかと考え，Ｃに意見を求め，Ｃは，これに対し，本件俳句を本件たよりに掲載することは難しいと考える旨回答し（認定事実(4)ア），Ｅら桜木公民館の職員らも，「九条守れ」という憲法に関連する文言が含まれた本件俳句に抵抗感を示し，上記イないしエのとおり，本件俳句を本件たよりに掲載することができない理由について，十分な検討を行わないまま，本件俳句を本件たよりに掲載しないこととしたものと推認するのが相当である（なお，原告は，三橋公民館が，本件俳句を本件たよりに掲載しなかった真意は不明である旨供述しており（認定事実(6)エ），三橋公民館及び桜木公民館の職員ら（Ｃ，Ｄ及びＥ）が，本件俳句を本件たよりに掲載することができないとするに当たって，さいたま市長等の意向を忖度した形跡はない。）。

(5)　したがって，三橋公民館及び桜木公民館の職員らが，原告の思想や信条を理由として，本件俳句を本件たよりに掲載しないという不公正な取扱いをしたことにより，法律上保護される利益である本件俳句が掲載されるとの原告の期待が侵害されたということができるから，三橋公民館が，本件俳句を本件たよりに掲載しなかったことは，国家賠償法上，違法というべきである。

７　争点(8)（原告の損害）について

(1)　原告は，本件俳句を不掲載にされたことにより受けた精神的苦痛に対する慰謝料としては２００万円が相当であると主張する。

(2)　三橋公民館及び桜木公民館の職員らは，三橋公民館が本件俳句を本件たよりに掲載しないこととするに当たって，本件俳句を本件たよりに掲載することができない理由について，十分な検討を行っておらず，三橋公民館は，このような不十分な検討結果をもとに，本件書面１記載の内容を根拠として，本件俳句を本件たよりに掲載しないこととしたところ，本件俳句を本件たよりに掲載することができないと判断した理由は，合理的な根拠を欠くものであること（上記６(4)），本件句会が三橋公民館に提出した秀句は，平成２２年１１月から平成２６年６月までの３年８か月間，本件たよりに掲載されてきたことからすれば，原告は，本件俳句が本件たよりに掲載されることについて法律上保護される利益を有していたものである（上記６(3)）。

(3)　一方，上記４(3)のとおり，三橋公民館が，本件俳句を本件たよりに掲載しなかったことにより，原告を含む本件句会の相互学習に萎縮効果が生じたと認めることはできない。

(4)　上記(2)及び(3)に掲記した事情等，本件に現れた一切の事情を総合考慮すれば，原告が本件俳句を不掲載にされたことによって受けた精神的苦痛に対する慰謝料としては５万円が相当である。

８　結論

以上によれば，原告の請求は，５万円及びこれに対する不法行為の日（本件俳句が掲載されなかった本件たよりの発行日）である平成２６年７月１日から支払済みまで民法所定年５分の割合による遅延損害金の支払を求める限度で理由があるから，その限度で認容し，その余の請求は理由がないので棄却することとして，主文のとおり判決する。

さいたま地方裁判所第６民事部

裁判長裁判官　　　大　　野　　和　　明

裁判官　　佐　藤　美　穂

裁判官　　足　立　賢　明

（別紙）

俳　句　目　録

1　「【三橋俳句会】　梅雨空に　「九条守れ」の　女性デモ　J」

2　体裁

（1）　横書き　縦１．１センチメートル　横２３センチメートル

（2）　十六級　明朝体

「九条俳句訴訟」控訴にあたっての弁護団声明

2017 年 10 月 24 日

九条俳句訴訟原告弁護団

（弁護団事務局　埼玉中央法律事務所 048-645-2026）

九条俳句訴訟は、10 月 13 日さいたま地裁において原告勝訴の判決を得ましたが、本日 24 日原告は同判決について控訴の手続をとりました。

1　判決はさいたま市の取り扱いが不公正で違法であると認めた

判決は、「三橋公民館及び桜木公民館の職員らが、原告の思想や信条を理由として、本件俳句を本件たよりに掲載しないという不公正な取扱いをしたことにより、法律上保護される利益である本件俳句が掲載されるとの原告の期待が侵害された」から、三橋公民館が、本件俳句をたよりに掲載しなかったことは、「違法である。」と判断する原告の勝訴であった。行政の政治的中立性を根拠とした事なかれ主義により、表現の自由など市民の憲法上の基本的人権が安易に制限される風潮が蔓延する現状に対し、警鐘を鳴らすものとして非常に重要な意義を有するものである。

原告は、判決を受け、さいたま市に対し、①　違法状態を解消するために九条俳句を公民館だよりに掲載すること、②　具体的な再発防止策をとること、の２点を申し入れ、「この点を約束するのであれば控訴しない」旨表明した。

しかしながら、さいたま市は、平成２９年１０月２０日、上記２点の実施を拒否し、併せて、さいたま市として控訴手続を採ると宣言した。判決を真摯に受け止めようとせず、地域的解決の糸口を断ち切り、違法状態をいたずらに継続させるさいたま市の対応は、極めて不当である。

さいたま市の控訴を受け、原告は本日 10 月 24 日控訴手続をとった。

2　控訴審で目指す点

⑴　原判決は、①　実質的に原告の思想・表現の自由を保障したものと理解することができる点、②　九条俳句を公民館だよりに掲載することが「公民館の中立性や公平性・公正性を害するということはできない。」とした点、③　さいたま市が不掲載の根拠とした社会教育法２３条１項２号、及びさいたま市広告掲載基準４条⑴エが、不掲載の判断の根拠とならないことを明示した点、④　公民館職員が「憲法アレルギー」の発露として九条俳句の掲載を問題視し、掲載の可否につき十分な検討を行わないまま不掲載とする「不公正な取扱い」を

したとして違法とした点、⑤　公民館職員を規律する社会教育法の諸規定が、「大人の学習権を保障する趣旨」であることを明示した点、⑥　主に子どもの学習権を判示した旭川学テ事件を前提として、「大人についても学習権が保障される」と明示した点などその積極的な意義を評価できる。

⑵　他方原判決は、①　公民館は、公の施設（地方自治法２４４条）であるとともに、「自分の意見を率直に表明し」「他人の意見は率直に傾聴す」べき社会教育施設であるべき公民館及び公民館だよりの性質に正面から向き合っておらず、②　公民館だよりが、市民の学習成果を発表する場、「表現の場」としての役割を長年にわたって果たしてきたことに言及せず、③　かかる「表現の場」において内容に着目した不公正取り扱いは、憲法上の表現の自由の問題となることを明確に認定せず、④　傷つきやすくこわれやすい基本的人権に対する萎縮効果につき、適切な判断がなされていないこと、⑤　「大人の学習権」には学習成果の発表の権利・自由が含まれないとしたこと、⑥　大人の学習権保障を趣旨とする社会教育法から求められる公民館職員の責務を明記していないこと等、見過ごせない弱点も含んでいる。

⑶　控訴にあたり原告、市民応援団、及び弁護団は、さらに世論に訴え、研究者・支援者の援助を得ながら、市の違法性を認めた原判決の結論を維持し、国民の基本的人権の前進にとって意義のある控訴審判決を求めて奮闘することを誓うものである。

以　上

「九条俳句」市民応援団声明

2017年10月24日

「九条俳句」違憲国賠訴訟を市民の手で！実行委員会（「九条俳句」市民応援団）

2014年6月、“梅雨空に「九条守れ」の女性デモ”の選句大宮三橋公民館だより掲載拒否事件の発生以来、私達は作者とともに公民館報への掲載を求め、市民応援団を結成し地域的解決を計ろうとしてきた。提訴後は原告作者・全国の賛同者・弁護団・社会教育研究者一体の取り組みを行なってきた。

2017年10月13日、2年4か月12回の口頭弁論を経て、さいたま地裁第6民事部大野和明裁判長は「九条俳句不掲載損害賠償等請求訴訟」の判決をくだした。さいたま市の違法な俳句不掲載による原告作者への精神的損害について損害賠償を命じたものであった。

これはすなわち、

①原告の公民館だよりに俳句が掲載されることの期待権は思想の自由、表現の自由が憲法により保証された基本的人権であることから法的保護に値する人格的利益であるとした。

②公民館職員の思想や信条を理由とする不公正な取扱いによって、これを侵害したとして市の責任を肯定した。

③さいたま市が主張した行政の「公平性・中立性」は市民活動の制約根拠とはならないとし、公権力の政治的中立を理由とした不当な制約への大きな警鐘とした。

④反面、市民の表現の自由・学習権の社会的役割・過去3年8ケ月の俳句掲載事実の評価や事実認定の誤りから、表現の自由及び学習権侵害そのものを認めず、原告の掲載請求権を棄却した。これは不当と言わざるを得ない。

この判決は、ある意味で掲載の現場解決を求めたものであり、市のその対応が迫られるものである。また、公務員である職員の利用者の思想等を理由とした公正取扱義務違反を認定したことは大きな意義をもった。

10月16日、私達は判決に基づき、申し入れを清水勇人市長と細田真由美教育長に行ない、その責任を認め九条俳句の掲載と今後の行政運営や職員のあり方などの改善処置を当事者間で話し合い、早急な解決を図るよう求めた。

10月20日、市教育委員会竹居秀子生涯学習部長などとの話し合いが持たれた。しかし市は「判決は不服、控訴を教育委員会として決め、市長も同意して議会に提案した」「不掲載としたのは思想、信条からではなく公民館だよりの編集権は公民館にあり、中立・公平であるからの判断」等々当初からの主張を繰り返すのみであった。

このさいたま市の対応は原告作者の願い、当たり前の俳句掲載の要望をふみにじり、司法判断をも否定する新たな挑戦と私達は受け止め、これに抗議し糾弾するものである。

この裁判の取組みは①当たり前の表現活動の保証②文化地域活動への行政の不当介入を許さない③公共、社会の主人公は私達一人ひとり④憲法や社会教育法、地方自治法を本来的に取り戻す⑤公民館の持つ歴史的、現在的な役割の再確認⑥主権者たる私達当事者での現場地域的な解決等の願い実現のためのもので、判決はその第一歩であった。

全国で同様な事件を繰り返させないためにも、私達の主張を更に追加し東京高裁の意義ある判決を求め「控訴」することを決意した。全国の多くの皆さん に新たな取組みへのご支援、ご協力を今後とも呼び掛けます。

私達の自由な社会実現をめざして。

あとがき

事件発生から間もなく4年がたとうとしている。句会で詠み秀句として選ばれた句をいつものとおり公民館だよりに掲載してほしい――そんなごくあたりまえの願いが受け止められず、これだけの時間が経過してしまったとはどういうことなのか。いまこのあとがきを書きながら、あらためてその時間の長さをかみしめている。

驚くべきことは、この4年間という時間が、原告側と被告側とではまったく異なった形で流れてきたことである。

「私たちはこの4年間でたくさんのことを学びましたが、教育委員会の皆さんは何も学んでいらっしゃらないんですね」。

地裁判決後のさいたま市教育委員会との交渉のなかで、原告は毅然としてこう言われた。これ以上、的を射た指摘はないだろう。事件が発生したあの日以来、さいたま市教育委員会関係者が表出することばは何も変わっていない。「世論を二分するような内容を含んだものを市の広報物に掲載することはできません。」この一言の際限の無い繰り返し。抑揚もなく、無表情に、もっぱら言われたことを受け止めませんというメッセージを伝えるためにだけ発せられた、その発話者自身にとってさえ何の意味も持たず、いのちをもたないことばの亡骸たちの何と哀れなこと。たしかにそこには学びがなく、学びをする人間の姿が存在しない。

本書で私たちがやろうとしたことは、俳句不掲載という処断に驚き、怒り、原告の異議申し立てに共感した者たちがこの4年間に何をどのように学んできたのかを記録することである。

「いつも公民館を利用させていただき、近くの無料でありがたい施設とは思っていましたが、それ以上のことなんて考えてもみませんでした」。

原告をはじめ俳句会の方々も応援団となって闘ってこられた市民の皆さんも異口同音にこうしたことを言われる。「私たちだって公民館の実態など、よく知りませんでしたよ」と弁護士さんたち。研究者たちにとっても、市民の皆さんが定期的に集い、句会を行い、自分たちで秀句を選び、それを公民館だよりに掲載するというごく日常的な営みのなかに、かけがえのない憲法的価値がひそんでいることを、この間の一連の取り組みで再発見したのだった。
周知のように、ここ数年市民による自由な学びや表現を封じ込めるような行政の対応が全国各地で起こっている。本書は、そうした場で学びと表現の自由のために闘っている多くの市民、弁護士、研究者の方々、そして行政のなかにあって悩みながら市民の学習権や表現の自由を守るための模索を続けておられる職員の皆さんへの連帯のアピールである。市民の学習の権利が尊重される社会、市民が自由に表現活動を行うことができる社会をめざして、これからも共に歩んでいきたいと切に願う。
去る3月1日には東京高等裁判所で口頭弁論が開かれ、判決は5月18日に言い渡されることが確定した。本書は、その判決日当日に地裁判決以上の完全勝訴を期して刊行される。ご多忙をきわめておられるなかでご協力いただいた執筆者のおひとりおひとりに衷心より感謝の意をお伝えしたい。この本は、さいたま市在住の社会教育研究者として法廷での陳述をおこなった佐藤一子、専門家として弁護団に求められて意見書を提出した長澤成次、九条俳句不掲載問題が発生した当時、さいたま市公民館運営審議会委員長を務めていた安藤聡彦の3人が相談して緊急出版を企画し、エイデル研究所の編集部のご協力によって発刊にこぎつけることができた。限られた時間の中で、編集部の山添路子さん、杉山拓也さんには献身的なご尽力をいただいた。出版人としての情熱と良心とが込められたお仕事にあらためて御礼申し上げたいと思う。

梅雨空に「九条守れ」の女性デモ

この句が、学習と表現の自由を守り享受する人々によって永遠に記憶され続けることを心から祈っている。

2018年3月11日　東北大震災七年目の日に
安藤聡彦

編者紹介

佐藤 一子（さとう・かつこ） 東京大学名誉教授

1944年生まれ、東京大学教育学部卒業、東京大学大学院教育学研究科博士課程修了、博士（教育学）。埼玉大学教育学部助教授・教授、東京大学大学院教育学研究科教授、法政大学キャリアデザイン学部教授などを務める。元・日本社会教育学会会長、現在、読売新聞教育賞審査委員、国分寺市公民館運営審議会委員長など。

主な著書に、『生涯学習と社会参加』（東京大学出版会、1998年）、『世界の社会教育施設と公民館―草の根の参加と学び』（小林文人と共編著、エイデル研究所、2001年）、『現代社会教育学―生涯学習社会への道程』（東洋館出版社、2006年）、『地域学習の創造』（編著、東京大学出版会、2015年）など。

安藤 聡彦（あんどう・としひこ） 埼玉大学教授

1959年生まれ、一橋大学社会学部卒業、一橋大学大学院社会学研究科修了、博士（社会学）。埼玉大学教育学部助教授を経て教授。元・さいたま市公民館運営審議会委員長。

共著に、日本社会教育学会60周年記念出版部会編『希望への社会教育―3.11後社会のために』（東洋館出版社、2013年）、佐藤一子編『地域学習の創造―地域再生への学びを拓く』（東京大学出版会、2015年）など。

長澤 成次（ながさわ・せいじ） 千葉大学名誉教授

1951年生まれ。千葉大学教育学部卒業、名古屋大学大学院教育学研究科博士課程修了、修士（教育学）。千葉大学教育学部教授、社会教育推進全国協議会委員長、『月刊社会教育』編集長、千葉大学理事などを歴任。現在、千葉大学名誉教授、放送大学客員教授、日本社会教育学会会長、千葉市生涯学習審議会委員など。

主な著書に、『公民館はだれのもの―住民の学びを通して自治を築く公共空間』（自治体研究社、2016年）、編著に『公民館で学ぶ』シリーズⅠ～Ⅴ：『公民館で学ぶⅤ―今、伝えたい地域が変わる学びの力』（国土社、2018年）など。

執筆者紹介〈執筆順〉

佐藤　一子 ………… 東京大学名誉教授、「九条俳句」市民応援団世話人

作者・九条俳句訴訟原告

三橋俳句会代表代行

江野本啓子 ………… 「九条俳句」市民応援団事務局長

柿堺一二三 ………… 元・さいたま市公民館運営審議会委員

冨塚　一資 ………… 富士見市立鶴瀬公民館長

片野　親義 ………… 元・さいたま市立岸町公民館長

安藤　聡彦 ………… 埼玉大学教授、元・さいたま市公民館運営審議会委員長

上田　幸夫 ………… 日本体育大学教授

久保田和志 ………… 九条俳句訴訟原告弁護団事務局長、弁護士

石川　智士 ………… 九条俳句訴訟原告弁護団事務局次長、弁護士

武内　　暁 ………… 「九条俳句」違憲国賠訴訟を市民の手で！
実行委員会〈「九条俳句」市民応援団〉代表

野村　武司 ………… 東京経済大学教授、弁護士

棟久　　敬 ………… 秋田大学専任講師

姉崎　洋一 ………… 北海道大学名誉教授

長澤　成次 ………… 千葉大学名誉教授

荒井　文昭 ………… 首都大学東京教授

井口啓太郎 ………… 国立市公民館・社会教育主事

西河内靖泰 ………… 公益社団法人日本図書館協会・図書館の自由委員会委員長
前・広島女学院大学特任准教授

武居　利史 ………… 府中市美術館学芸員

前島　英男 ………… 元・さいたま市教職員組合委員長

池上　洋通 ………… 自治体問題研究所理事、日本社会教育学会会員

谷　　和明 ………… 東京外国語大学名誉教授

九条俳句訴訟と公民館の自由

2018年 5月 18日　初刷発行

編著者　佐藤 一子
　　　　安藤 聡彦
　　　　長澤 成次
発行者　大塚 孝喜
発行所　株式会社エイデル研究所
　　　　〒102-0073　東京都千代田区九段北4-1-9
　　　　TEL 03-3234-4641　FAX 03-3234-4644

装　幀　野田 和浩
表紙の書　森田 公司
本文デザイン　株式会社六協
印刷・製本　中央精版印刷株式会社

ISBN 978-4-87168-616-7　Printed in Japan